翰墨缀玉

吴企明 编著

苏州大学出版社

图书在版编目(CIP)数据

翰墨缀玉/吴企明编著. —苏州:苏州大学出版社,2014.11
ISBN 978-7-5672-1002-8

Ⅰ.①翰… Ⅱ.①吴… Ⅲ.①格言-汇编-中国②对联-作品集-中国③诗集-中国④散文集-中国 Ⅳ.①H136.3②I269③I211

中国版本图书馆 CIP 数据核字(2014)第 259521 号

书　　名:翰墨缀玉

作　　者:吴企明
策　　划:张建初
责任编辑:金振华
封面设计:刘　俊

出版发行:苏州大学出版社(Soochow University Press)
社　　址:苏州市十梓街 1 号　邮编:215006
印　　装:常州市武进第三印刷有限公司
网　　址:http://www.sudapress.com
邮购热线:0512-67480030
销售热线:0512-65225020

开　　本:787mm×1092mm　1/32　印张:11.375　字数:250 千
版　　次:2014 年 11 月第 1 版
印　　次:2014 年 11 月第 1 次印刷
书　　号:ISBN 978-7-5672-1002-8
定　　价:20.00 元

凡购本社图书发现印装错误,请与本社联系调换。服务热线:0512-65225020

目録

第一篇　名言佳句

（一）人生哲理

儉德——《易經·否卦》

期頤——《禮記·曲禮》

慎思——《禮記·中庸》

慎獨——《禮記·中庸》

懷德——《論語·里仁》

務本——《論語·衛靈公》

養性——《孟子·盡心上》

樂道——《孟子·盡心上》

兼善——《孟子·盡心上》

篤誠——《左傳·文公十八年》

廣德——《老子·四十一章》

靜心——《莊子·達生》

無爲——《莊子·在宥》

賢哲——《韓非子·有度》

樂和——班固《西都賦》

靜觀——程顥《秋日偶成》

蒙以養正——《周易・上經》

天地交泰——《周易・上經》

無往不復——《周易・上經》

同氣相求——《周易・乾卦》

探賾索隱——《周易・繫辭傳上》

居安思危——《周易・繫辭傳下》

革故鼎新——《周易·雜卦傳》

投桃報李——《詩經·大雅》

格物致知——《禮記·大學》

心廣體胖——《禮記·大學》

慎始敬終——《禮記·表記》

明察秋毫——《孟子·梁惠王上》

體性抱神
——《莊子·天地》

從容無爲
——《莊子·在宥》

虛無恬淡
——《莊子·刻意》

落葉歸根
——《荀子·致士》

清虛静泰
——嵇康《養生論》

群賢畢至
——王羲之《蘭亭集序》

因宜適變——陸機《文賦》

不即不離——蘇軾《周文炳瓢硯銘》

將勤補拙——黄庭堅《跋奚奴文》

通權達變——文康《兒女英雄傳》

温良恭儉讓——《論語·學而》

君子知微知彰——《周易·繫辭下》

滿招損，謙受益
——《尚書・大禹謨》

德不孤，必有鄰
——《論語・里仁》

至虛極，守靜篤
——《老子・十六章》

福莫長於無禍
——《荀子・勸學》

不私而天下自公
——馬融《忠經》

君子必慎交游焉
——顏之推《顏氏家訓》

位卑未敢忘憂國
——陸游《病起書懷》

二人同心，其臭如蘭。
——《周易·繫辭上》

二人同心，其利斷金。
——《周易·繫辭上》

周流六虛，唯變所適。
——《周易·繫辭下》

死生契闊，與子成說。
——《詩經·邶風·擊鼓》

周還中規，抑還中矩。
——《禮記·玉篇》

一張一弛，文武之道。
——《禮記・雜記下》

己所不欲，勿施於人。
——《論語・顏淵》

尺有所短，寸有所長。
——屈原《楚辭・卜居》

自知者明，自勝者强。
——《老子・三十三章》

大音稀聲，大象無形。
——《老子・四十一章》

合抱之木，生於毫末。
——《老子・六十四章》

信言不美，美言不信。
——《老子·八十一章》

用志不分，乃凝於神。
——《莊子·達生》

失之毫厘，謬以千里。
——《禮記·經解》

千里之差，興於毫端。
——《後漢書·南匈奴傳》

日中則移，月滿則虧。
——劉向《戰國策·秦策》

百川异源，皆歸於海。
——《淮南子·氾論訓》

多見者博，多聞者智。

——桓寬《鹽鐵論》

見善若驚，疾惡如仇。

——孔融《薦彌衡表》

靜以修身，儉以養性。

——諸葛亮《誡子書》

近朱者赤，近墨者黑。

——傅玄《傅鶉觚集》

明者慎微，智者識機。

——范曄《後漢書·陳忠列傳》

動必三省，言必三思。

——白居易《策林》

近賢則聰，近愚則聵。

——皮日休《耳箴》

繩鋸木斷，水滴石穿。

——羅大經《鶴林玉露・一錢斬吏》

多聞而擇，多見而識。

——王夫之《張子璩注》

窮則變，變則通，通則久。

——《周易・繫辭下》

凡事豫則立，不豫則廢。

——《禮記・中庸》

夫弩機差以米則不發。

——《呂氏春秋・察微》

惟道集虛，虛者，心齋也。

——《莊子·人間世》

物不因不生，不革不成。

——揚雄《太玄》

冰凍三尺，非一日之寒。

——王充《論衡·狀留篇》

往者不可諫，來者猶可追。

——《論語·微子》

蠹衆而木折，隙大而墻壞。

——《商君書·修權》

嶢嶢者易缺，皦皦者易污。

——《後漢書·黄瓊傳》

細微可不慎，堤潰自蟻隙。
——應瑶《雜詩》

直如朱絲繩，清如玉壺冰。
——鮑照《白頭吟》

相知無遠近，萬里尚爲鄰。
——張九齡《送韋城李少府》

世有伯樂，然後有千里馬。
——韓愈《馬説》

立志言爲本，修身行乃先。
——吴叔達《言行相顧》

隨時觀理，而天下之理得矣。
——楊時《論學篇》

黄金無足色，白璧有微瑕。
——戴復古《寄興二首》

路遥知馬力，日久見人心。
——無名氏《争報恩三虎下山雜劇》

天下無難事，只怕有心人。
——王驥德《題紅記》

天地存肝膽，江山閲鬢華。
——顧炎武《酬王處士九日見懷之作》

動静互涵，以爲萬變之宗。
——王夫之《周易外傳》

德者業之本，業者德之著。
——張履祥《備忘三》

得之在俄頃，積之在平日。

——袁守定《占畢叢談》

大直若屈，大巧若拙，大辯若訥。

——《老子·四十五章》

禍兮福之所倚，福兮禍之所伏。

——《老子·五十八章》

千丈之堤，以螻蟻之穴潰。

——《韓非子·喻老》

知足不辱，知止不殆，可以長久。

——《老子·四十四章》

積羽沉舟，群輕折軸，衆口鑠金。

——《戰國策·魏策》

寧有瑕而爲玉，毋似玉而爲石。
——張居正《辛未會試録序》

天下之事，慮之貴詳，行之貴力。
——張居正《陳六事疏》

觀物以微，觸類而長，不以己爲度。
——嵇康《答釋難宅無吉凶攝生論》

謝朝華於已披，啓夕秀於未振。
——陸機《文賦》

器大者聲必宏，志高者意必遠。
——范開《稼軒詞序》

精於一則盡善，偏用智則無成。
——鄭杓《衍極》

宜未雨而綢繆，毋臨渴而掘井。

——朱柏廬《治家格言》

子在川上曰：『逝者如斯夫，不舍晝夜。』

——《論語·子罕》

道雖邇，不行不至；事雖小，不爲不成。

——《荀子·修身》

丘山積卑而爲高，江河合水而爲大。

——《莊子·徐無鬼》

察己則可以知人，察今則可以知古。

——《吕氏春秋》

爲川者决之使道，爲民者宣之使言。

——《國語·周語上》

善出奇者，無窮如天地，不竭如江河。

——《孫子兵法》

水至清則無魚，人至察則無徒。

——東方朔《答客難》

明者遠見於未萌，知者避危於無形。

——司馬遷《史記·司馬相如列傳》

操千曲而後曉聲，觀千劍而後識器。

——劉勰《文心雕龍·知音》

潔其流者清其源，理其末者正其本。

——《北史·袁翻傳》

同心而共濟，終始如一，此君子之朋也。

——歐陽修《朋黨論》

心不清無以見道，志不確無以立功。

——林逋《省心録》

無欲自然心如水，有營何止事如毛。

——趙師秀《呈蔣薛二友》

發揮道德乃成文，枝葉何曾離本根。

——方孝孺《談詩》

得志澤加於民，不得志修身見於世。

——《孟子·盡心上》

不曰堅乎，磨而不磷。不曰白乎，涅而不緇。

——《論語·陽貨》

大方無隅，大器晚成，大音稀聲，大象無形，道隱無名。

——《老子·四十一章》

鍥而捨之，朽木不折；鍥而不捨，金石可鏤。

——《荀子·勸學》

千丈之堤，以螻蟻之穴潰；百尺之室，以突隙之煙焚。

——《韓非子·喻老》

尺有所短，寸有所長，物有所不足，智有所不明。

——屈原《卜居》

究天地之際，通古今之變，成一家之言。

——司馬遷《報任安書》

智者千慮，必有一失；愚者千慮，必有一得。

——《史記·淮陰侯列傳》

心如規矩，志如尺衡，平靜如水，正直如繩。

——嚴遵《道德指歸論》

夫禍患常積於忽微，而智勇多困於所溺。

——歐陽修《五代史·伶官傳序》

聖賢友人必以窮理爲先，而力行以終之。

——朱熹《答郭希吕》

人所易言，我寡言之；人所難言，我易言之。

——姜夔《白石道人詩説》

富貴不能淫，貧賤不能移，威武不能屈，此之謂大丈夫。

——《孟子·滕文公下》

合抱之木，生於毫末；九層之臺，起於累土；千里之行，始於足下。

——《老子·六十四章》

海不辭水，故能成其大；山不辭土石，故能成其高。

——《管子·形勢解》

見一叶落，而知歲之將暮；睹瓶中之冰，而知天下之寒。

——《淮南子·説山訓》

氣之清者爲精，人之清者爲賢。治身者，以積精爲寶；治國者，以積賢爲道。

——董仲舒《春秋繁露》

天稱其高者，以無不覆；地稱其廣者，以無不載；日月稱其明者，以無不照；江海稱其大者，以無不容。

——曹植《求通親親表》

求木之長者，必固其根本；欲流之遠者，必浚其泉源。

——魏徵《諫太宗十思疏》

主静則悠遠博厚，自强則堅實精明，操存則氣血循軌而不亂，收斂則精神内守而不浮，是勤可以致壽考也。

——羅大經《鶴林玉露》

（二）至理名言

誠則明——《禮記·中庸》

滿則覆——《荀子·宥坐篇》

順天應人——《周易·下經》

厚德載物——《周易·坤卦》

日新其德——《周易·大畜卦》

明德惟馨——《尚書·君陳》

緝熙敬止——《詩經·大雅·文王》

澡身浴德——《禮記·儒行》

見賢思齊——《論語·里仁》

敏事慎言——《論語·學而》

任重道遠——《論語·泰伯》

中正無私——《管子·五輔》

同舟共濟——《孫子·九地篇》

激濁揚清——《尸子·君治》

深謀遠慮——賈誼《過秦論》

正本清源——班固《刑法志》

一謙四益——《漢書·藝文志》

卓爾不群——《漢書·景十三王傳贊》

百折不撓——蔡邕《太尉喬玄碑》

天朗氣清——王羲之《蘭亭序》

豁達大度——潘岳《西征賦》

抱樸含真——陶淵明《勸農》

聞鷄起舞——《晉書·祖逖傳》

枕流漱石——《晉書·孫楚傳》

冰清玉潔——《晉書·賀循傳》

流芳百世——《晉書·桓温傳》

芝蘭玉樹——《晉書·謝安傳》

乘風破浪——《宋書·宗慤傳》

高義薄雲——《宋書·謝靈運傳論》

披沙揀金 ——《世說新語·文學》

從善如流 ——劉晝《劉子·貴言》

人中騏驥 ——《南史·徐勉傳》

乘風破浪 ——《南史·宗慤傳》

老當益壯 ——王勃《滕王閣序》

人傑地靈 ——王勃《滕王閣序》

心曠神怡——范仲淹《岳陽樓記》

逢人説項——李綽《尚書故實》

光風霽月——《宋史·周敦頤傳》

君子道其常——《荀子·榮辱篇》

巨海納百川——李白《金門答蘇秀才》

富潤屋，德潤身。——《禮記·大學》

吾道一以貫之
——《論語·里仁》

江海不可斛量
——《淮南子·泰族訓》

物以類聚，人以群分。
——《周易·繫辭上》

不矜細行，終累大德。
——《尚書·旅獒》

如切如磋，如琢如磨。
——《詩經·衛風·淇奥》

高山仰止，景行行止。
——《詩經·小雅·車舝》

他山之石，可以攻玉。

——《詩經·小雅·鶴鳴》

德之休明，雖小，重也。

——《左傳·宣公三年》

友直、友諒、友多聞，益矣。

——《論語·季氏》

吾善養吾浩然之氣。

——《孟子·盡心下》

千里之行，始於足下。

——《老子·六十四章》

至樂無樂，至譽無譽。

——《莊子·至樂》

前事不忘，後事之師。

——《戰國策·趙策》

桃李不言，下自成蹊。

——《史記·李將軍列傳》

源清流潔，本盛木榮。

——班固《高祖沛泗水亭碑銘》

窮當益堅，老當益壯。

——《後漢書·馬援傳》

不入虎穴，焉得虎子。

——《後漢書·班超傳》

德人無累，知命不憂。

——賈誼《鵩鳥賦》

進德修業，暉光日新。
——張華《勵志詩》

寧爲玉碎，不爲瓦全。
——《北齊書・元景安傳》

聞過即改，從諫如流。
——吳兢《貞觀政要・論災祥》

藴器沈敏，懷才雅實。
——蘇頲《授陳正觀將作少監製》

當局稱迷，旁觀必審。
——《新唐書・元行冲傳》

天行健，君子以自强不息。
——《周易・乾象》

篤行而不倦，幽居而不淫。
——《禮記·儒行》

大道之行也，天下爲公。
——《禮記·禮運》

君子坦蕩蕩，小人常戚戚。
——《論語·述而》

往事不可諫，來者猶可追。
——《論語·微子》

工欲善其事，必先利其器。
——《論語·衛靈公》

前事之不忘，後事之師也。
——《史記·秦始皇本記》

水積而魚聚，木茂而鳥集。
——劉安《淮南子·説山訓》

臨淵羡魚，不如退而結網。
——《漢書·董仲舒傳》

少壯不努力，老大徒悲傷。
——《文選·長歌行》

猛志逸四海，騫翮思遠翥。
——陶淵明《雜詩》

桂林之一枝，崑山之片玉。
——《晋書·郤詵傳》

積財萬貫，不如薄技在身。
——《顔氏家訓·勉學》

海内存知己，天涯若比鄰。
——王勃《送杜少府之任蜀川》

莫道桑榆晚，爲霞尚滿天。
——劉禹錫《酬樂天咏老見示》

清心爲治本，直道是身謀。
——包拯《書端州郡齋壁》

有寄心常静，無求味最長。
——袁枚《偶成》

戰戰兢兢，如臨深淵，如履薄冰。
——《詩經·小雅·小旻》

志於道，據於德，依於仁，游於藝。
——《論語·述而》

不義而富且貴，予我如浮雲。

——《論語·述而》

窮則獨善其身，達則兼濟天下。

——《孟子·盡心章句上》

登東山而小魯，登泰山而小天下。

——《孟子·盡心上》

意莫高於愛民，行莫厚於樂民。

——《晏子春秋·内篇問下》

積德累行，不見其善，有時而用。

——《漢書·枚乘傳》

士之相知，温不增華，寒不改葉。

——諸葛亮《文論》

救寒無若重裘，止謗莫若自修。

——《三國志·魏書·王昶傳》

知之爲知之，不知爲不知，是知也。

——《論語·爲政》

己欲立而立人，己欲達而達人。

——《論語·雍也》

名不正則言不順，言不順則事不成。

——《論語·子路》

其身正，不令而行；其身不正，雖令不從。

——《論語·子路》

天下之本在國，國之本在家，家之本在身。

——《孟子·離婁上》

志不强者智不達，言不信者行不果。

——《墨子·修身》

人生一世間，如白駒過隙，忽然而已。

——《莊子·知北游》

樹欲静而風不停，子欲養而親不待。

——王肅《孔子家語》

路曼曼其修遠兮，吾將上下而求索。

——屈原《離騷》

白玉不琢，美珠不文，質有餘也。

——《淮南子·説林》

人之短生，猶如石火，炯然一過。

——劉晝《新論》

大名垂於萬世者，必先行之於纖微之事。

——陸賈《新語·慎微》

夫明鏡可以照形也，往古可以知今也。

——《韓詩外傳》

愛人所愛，樂人所樂，清濁無所失。

——馬援《戒子書》

心不清無以見道，志不確無以立功。

——林逋《省心録》

奇偉瑰怪非常之觀，常在於險遠。

——王安石《游褒禪山記》

不識廬山真面目，只緣身在此山中。

——蘇軾《題西林壁》

業無高卑志當堅，男兒有求安得閑。
——張耒《警示秬秸》
韋編屢絶鐵硯穿，口誦手抄那計年。
——陸游《寒夜讀書》
紙上得來終覺淺，絶知此事要躬行。
——陸游《冬夜讀書示子聿》
一松一竹真朋友，山鳥山花好弟兄。
——辛棄疾《鷓鴣天·博山寺作》
人生自古誰無死，留取丹心照汗青。
——文天祥《過零丁洋》
不是一番寒徹骨，爭得梅花撲鼻香。
——高明《琵琶記·旌表》

强中更有强中手，莫向人前滿自夸。

——馮夢龍《警世通言》

天下事當於大處着眼，小處下手。

——曾國藩《致吴竹如》

不矜細行，終累大德。爲山九仞，功虧一簣。

——《尚書・旅獒》

鳳凰鳴矣，於彼高岡；梧桐生矣，於彼朝陽。

——《詩經・大雅・卷阿》

温温恭人，維德之基。其維哲人，告之話言，順德之行。

——《詩經・大雅・抑》

白圭之玷，尚可磨也；斯言之玷，不可爲也。

——《詩經・大雅・抑》

智者樂水，仁者樂山。智者動，仁者静；智者樂，仁者壽。

——《論語·雍也》

富與貴，是人之所欲也，不以其道得之，不處也；貧與賤，是人之所惡也，不以其道得之，不去也。

——《論語·里仁》

仰之彌高，鑽之彌堅，瞻之在前，忽焉在後。

——《論語·子罕》

聖人之教，不肅而成，其政不嚴而治，其所因者本也。

——《孝經·聖治章》

老吾老，以及人之老；幼吾幼，以及人之幼。

——《孟子·梁惠王上》

泉涸，魚相與處於陸，相呴以濕，相濡以沫。

——《莊子·天運》

是先王非務武也，勤恤民隱而除其害也。

——《國語·周語》

漁釣於一壑，則萬物不姦其志，栖遲於一丘，則天下不移其樂。

——《漢書·叙傳》

與人善，如入芝蘭之室，久而不聞其香，即與之化矣。

——王肅《孔子家語》

良藥苦口而利於病，忠言逆耳而利於行。

——王肅《孔子家語》

如冰之清，如玉之潔，法而不威，和而不褻。

——曹植《光禄大夫荀侯誄》

安身莫大乎存政，存政莫重乎無私，無私莫深乎寡欲。

——王粲《安身論》

與善人居，如入芝蘭之室，久而自芳矣。

——《顏氏家訓·慕賢》

蘧伯玉年五十，見四十九年非，但能改過。

——張奂《戒兄子書》

恭爲德首，慎爲行基，願汝等言則忠信，行則篤敬。

——羊祜《誡子書》

以銅爲鑒，可以正衣冠。以古爲鑒，可以知興替。以人爲鑒，可以明得失。

——吴兢《貞觀政要·任賢》

心，靈物也，不用則長存，小用之則小成，大用之則大成，變用之則至神。

——唐甄《潛書·辨儒》

古人鄉無君子，則與雲山爲友；里無君子，則與松竹爲友；座無君子，則與琴酒爲友。

——元結《丐論》

雲山蒼蒼，江水泱泱，先生之風，山高水長。

——范仲淹《嚴先生祠堂記》

古之成大事業，大學問者，必經過三重之境界：『昨夜西風凋碧樹，獨上高樓，望盡天涯路。』此第一境也。『衣帶漸寬終不悔，爲伊消得人憔悴。』此第二境也。『衆裏尋他千百度，驀然回首，那人却在燈火闌珊處。』此第三境也。

——王國維《人間詞話》

（三）勸學勵志

博學

——《論語・雍也》

篤學——《史記·伯夷列傳》

變則通——《周易·繫辭》

知無涯——《莊子·養生》

知不足——《禮記·學記》

惜寸陰——《晋書·陶侃傳》

藏修息游——《禮記·樂記》

師严道尊 ——《禮記·學記》

豁然贯通 ——《禮記·大學》

温故知新 ——《論語·爲政》

誨人不倦 ——《論語·述而》

博學文雅 ——《漢書·張敞傳》

尊師重傳 ——《漢書·孔光傳》

研精覃思——孔安國《尚書序》

博洽多聞——《後漢書·杜林傳》

介然不群——《晉書·劉毅傳》

焚膏繼晷——韓愈《進學解》

學者先疑——朱熹《近思録·致知》

博觀而約取——蘇軾《雜説》

厚積而薄發
——蘇軾《雜説》

多識由博學
——歐陽修《和聖俞唐書局後叢莽中得芸香一本之作用其韵》

深博無涯涘
——韓愈《柳子厚墓志銘》

不出户，知天下。
——《老子·第四十七章》

百聞不如一見
——《漢書·趙充國傳》

有志者事竟成
——《後漢書·耿弇傳》

少學而至老不倦
——《顏氏家訓·勉學》

腹有詩書氣自華
——蘇軾《和董傳留別》

讀書萬卷始通神
——蘇軾《柳氏二甥求筆迹》

爲學莫重於尊師
——譚嗣同《瀏陽算學館增訂章程》

學而不厭，誨人不倦。
——《論語·述而》

篤信好學，守死善道。
——《論語·泰伯》

仰之彌高，鑽之彌堅。

——《論語·子罕》

敏而好學，不恥下問。

——《論語·公冶長》

用志不分，乃凝於神。

——《列子·黃帝》

讀書百遍，而義自見。

——《三國志·魏書·王肅傳》裴松之注引《魏略》

山不讓塵，川不辭盈。

——張茂先《勵志詩》

握錐投斧，照雪聚螢。

——《顏氏家訓·勉學》

積財千萬，無過讀書。
——《顔氏家訓·勉学》

必須眼學，勿信身受。
——《顔氏家訓·勉學》

夫學者，貴能博聞也。
——《顔氏家訓·勉學》

沈浸濃郁，含英咀華。
——韓愈《進學解》

人不讀書，其猶夜行。
——段成式《酉陽雜俎》

强學博覽，足通古今。
——歐陽修《賜翰林學士吴奎乞知青州不允詔》

學貴心悟，守舊無功。

——張載《經學理窟》

讀萬卷書，行萬里路。

——董其昌《畫旨》

學而時習之，不亦說乎？

——《論語·學而》

青取之於藍，而青於藍。

——《荀子·勸學篇》

吾生也有涯，而知也無涯。

——《莊子·養生主》

道之所存，師之所存也。

——韓愈《師說》

博學而不窮，篤行而不倦。
——《禮記·儒行》

温故而知新，可以爲師矣。
——《論語·爲政》

多聞而體要，博學而善擇。
——葛洪《抱樸子·微旨》

所以學者，欲其多知明達耳。
——《顏氏家訓·勉學》

既耕亦已種，時還讀我書。
——陶淵明《讀山海經》

積學以儲寶，酌理以富才。
——劉勰《文心雕龍》

讀書破萬卷，下筆如有神。
——杜甫《奉贈韋左丞丈二十二韻》

讀書貧裏樂，搜句静中忙。
——裴説《句》

博觀而約取，厚積而薄發。
——蘇軾《雜説》

循序而漸進，熟讀而精思。
——朱熹《讀書之要》

若要功夫深，鐵杵磨成針。
——曹學佺《蜀中廣記》

讀書何所求，將以通事理。
——徐洪鈞《書懷》

读書貴神解，無事守章句。

——張維屏《讀書二首》

百物可决舍，惟書最難别。

——袁枚《燈下理書不能終卷自傷老矣》

師者，所以傳道、受業、解惑也。

——韓愈《師説》

力學而得之，必充廣而行之。

——楊時《河南程氏粹言》

獨學而無友，則孤陋而寡聞。

——《禮記·學記》

書猶藥也，善讀之，可以醫愚。

——劉向《説苑》

學而不思則罔，思而不學則殆。

——《論語·爲政》

子絶四：毋意，毋心，毋固，毋我。

——《論語·子罕》

智者不惑，仁者不憂，勇者不懼。

——《論語·憲問》

舉一隅不以三隅反，則不復也。

——《論語·述而》

玉不琢，不成器；人不學，不知道。

——《禮記·學記》

不患人之不己知，患不知人也。

——《論語·學而》

博學而詳説之，將以反説約也。
——《孟子·離婁下》

非學無以廣才，非志無以成學。
——諸葛亮《誡子書》

觀天下書未遍，不得妄下雌黄。
——《顔氏家訓·勉學》

大志非才不就，大才非學不成。
——鄭心材《鄭敬中摘語》

惑而不從師，其爲惑也，終不解矣。
——韓愈《師説》

師嚴然後道尊，道尊然後民知敬學。
——《禮記·學記》

業精於勤，荒於嬉；行成於思，毀於隨。

——韓愈《進學解》

根之茂者其實遂，膏之沃者其光曄。

——韓愈《答李翊書》

讀書不覺已春深，一寸光陰一寸金。

——王貞白《白鹿洞》

舊書不厭百回讀，熟讀深思子自知。

——蘇軾《送安惇秀才失解西歸》

君子之學必日新，日新者，日進也。

——晁説之《晁氏客語》

少年易學老難成，一寸光陰不可輕。

——朱熹《勸學》

讀書歷見古人面，好義常先天下憂。

——陸游《夢中作》

蹉跎莫遣韶光老，人生惟有讀書好。

——翁森《四時讀書樂》

熟讀唐詩三百首，不會吟詩也會吟。

——孫洙《唐詩三百首序》

人一日無米則饑，一日無字則瞽。

——王有光《吴下諺聯》

君子之學，博於外而尤貴精於内。

——王廷相《慎言》

博學而篤志，切問而近思，仁在其中矣。

——《論語·子張》

博學之，審問之，慎思之，明辨之，篤行之。
——《禮記·中庸》

孫康家貧，常映雪讀書，清淡，交游不雜。
——《初學記》引《宋齊語》

知之者不如好之者，好之者不如樂之者。
——《論語·雍也》

默而識之，學而不厭，誨人不倦，何有於我哉？
——《論語·述而》

蓬生麻中，不扶自直；白沙在涅，與之俱黑。
——《荀子·勸學》

鍥而舍之，朽木不折；鍥而不舍，金石可鏤。
——《荀子·勸學》

蘇秦讀書欲睡，錐自刺其股，血流至足。
——《戰國策·秦策》

君子博學而三省乎己，則知明而行無過矣。
——《荀子·勸學》

學不厭，智也；孝不倦，仁也。仁且智，夫子既聖矣乎。
——《孟子·公孫丑上》

故不積跬步，無以至千里；不積小流，無以成江海。
——《荀子·勸學》

君子之學也，入乎耳，著乎心，布乎四體，形乎動静。
——《荀子·勸學》

補苴罅漏，張皇幽眇，尋墜緒之茫茫，獨旁搜而遠紹。
——韓愈《進學解》

短綆不可以汲深井之泉，知不幾者不可與及聖人之言。

——《荀子・榮辱》

三人行，必有我師焉。擇其善者而從之，其不善者而改之。

——《論語・述而》

古之學者爲人，行道以利世也；今之學者爲己，修身以求進也。

——《顏氏家訓・勉學》

日就月將，學有緝熙於光明，是故凡欲顯勛績、揚光烈者，莫良於學矣。

——王符《潛夫論・贊學》

少而好學，如日出之陽；壯而好學，如日出之光；老而好學，如炳燭之明。

——劉向《説苑》

子曰：『賢哉，回也！一簞食，一瓢飲，在陋巷，人不堪其憂，回也不改其樂。賢哉，回也！』

——《論語·雍也》

三更燈火五更鷄，正是男兒讀書時。黑髮不知勤學早，白首方悔讀書遲。

——顏真卿《勸學》

窗竹摇影書案上，野泉聲入硯池中。少年辛苦終身事，莫向光陰惰寸功。

——杜荀鶴《題弟侄書堂》（節）

武子，南平人，博學多通。家貧，不常得油，夏月則練囊盛數十螢火以照書，以夜繼日焉。

——《晋書·車武子傳》

學然後知不足，教然後知困。知不足，然後能自反也；知困，然後能自强也。故曰：教學相長也。

——《禮記·學記》

故不登高山，不知天之高也；不臨深淵，不知地之厚也；不聞先生之遺言，不知學問之大也。

——《荀子·勸學》

十有五而志於學，三十而立，四十而不惑，五十而知天命，六十而耳順，七十而從心所欲不逾矩。

——《論語·爲政》

君子有九思：視思明，聽思聰，色思温，貌思恭，言思忠，事思敬，疑思問，忿思難，見得思義。

——《論語·季氏》

（四）拒腐倡廉

貧而樂道

——《論語·學而》

儉以養德——諸葛亮《誡子書》

勁節剛姿——趙希蓬《滿江紅》

君子貞而不諒——《論語·衛靈公》

養心莫善於寡欲——《孟子·盡心下》

朕幼清以廉潔兮——《楚辭·招魂》

民生在勤，勤則不匱。——《左傳·宣公十二年》

志列秋霜，心貞昆玉。

——劉峻《辨命論》

至樂性餘，至靜性廉。

——《陰符經》

居安思危，戒奢以儉。

——魏徵《諫太宗十思疏》

廉潔之操，一塵不滓。

——李贄《況鍾傳》

儉，德之共也；侈，惡之大也。

——《左傳·莊公二十四年》

遠客歸去來，在家貧亦好。

——戎昱《長安秋夕》

凡居官廉，雖大臣無厚積。

——《新唐書·盧坦傳》

清心爲治本，直道是身謀。

——包拯《書端州齋壁》

雖無經濟才，尚守清白節。

——况鍾《示諸子詩》

臨大利而不易其義，可謂廉矣。

——《吕氏春秋·仲冬紀》

救寒莫如重裘，止謗莫如自修。

——《三國志·魏書·王昶傳》

得志澤加於民，不得志修身見於世。

——鄭燮《范縣署中寄舍弟墨第四書》

廉者常樂無憂，貪者常憂不足。

——王通《中説》

憂勞可以興國，逸豫可以亡身。

——歐陽修《五代史·伶官傳序》

非儉無以養廉，非廉無以養德。

——《元史·宋濂傳》

奢則不遜，儉則固。與其不遜也，寧固。

——《論語·述而》

歷覽前賢國與家，成由勤儉敗由奢。

——李商隱《咏史》

多藏苟得何名富，飽食嗟來未勝饑。

——徐夤《逐臭蒼蠅》

知足勝過長生藥，克己樂爲孺子牛。
——邵雍《知足詩》

操勞本是份内事，拒禮爲開廉潔風。
——包拯《拒壽禮》

禮義，治人之大法；廉耻，立人之大節。
——顧炎武《廉耻》

其在朝廷，鯁亮廉介，爲宗臣表。
——《新唐書·李勉傳》

清風兩袖去朝天，不帶江南一寸綿。
——况鍾《餞别》

爲政者，廉以潔己，慈以愛民，盡其在己者而已。
——王夫之《讀通鑒論》

收取静光觀萬古，宦囊滿貯白雲還。

——翁方綱《同年蘇德水讀書小照》

行不由徑，非公事，未嘗至於偃之室也。

——《論語·雍也》

修身潔己，耆宿不虧；作牧化人，聲績顯著。

——隋文帝詔

内懷冰清，外涵玉潤，此君子冰壺之德也。

——姚元崇《冰壺誡序》

儉則寡欲，君子寡欲，則不役於物，可以直道而行。

——司馬光《訓儉示康》

侈則多欲，君子多欲，則貪慕富貴，枉道速禍。

——司馬光《訓儉示康》

胸次灑脱，中無障礙，如冰壺澄沏，水鏡淵渟。

——吴寬《書畫鉴影》

郁林太守，吴邦所瞻。懷桔知孝，載石知廉。

——《五百名賢祠》陸績畫贊

剛正廉潔，孜孜愛民，前後守蘇者莫能及。

——《明史·况鍾傳》

清净無爲，少寡欲，不汲汲於富貴，不戚戚於貧賤。

——揚雄《自叙》

從官重公慎，立身貴廉明。待士慕谦讓，莅民尚寬平。

——陳子昂《座右銘》（節）

同氣相求，將益潤身之德；見利而讓，必揚潔己之廉。

——范仲淹《淡交若水賦》

古人以儉爲美德，今人乃以儉相詬病，嘻！异哉！

——司馬光《訓儉示康》

皋陶曰：『寬而栗，柔而立，愿而恭，亂而敬，擾而毅，直而温，簡而廉，剛而塞，强而義。彰厥有常，吉哉。』

——《尚書·皋陶謨》

以聽官府之六計，弊群吏之治，一曰廉善，二曰廉能，三曰廉敬，四曰廉正，五曰廉法，六曰廉辨。

——《周禮·天官·小宰》

唐盧懷慎，清慎貞素，不管資産，器用屋室，皆極儉陋。既貴，妻孥尚不免飢寒，而於故人親戚散施甚厚。

——鄭處誨《明皇雜録》

天質自森森，孤高幾百尋。凌霄不屈己，得地本虚心。歲老根彌壯，陽驕葉更陰。明時思解慍，願斫五弦琴。

——王安石《孤桐》

予於山水之外，別無嗜好。衣服飲食，但取粗適，不求鮮美。於財利至輕，每有所入，隨至隨散，不令有餘。

——文天祥《紀年録·咸淳七年》

朝三暮四，昨非今是，痴兒不解榮枯事。攢家私，寵花枝，黄金壯起荒淫志，千百錠買張招狀紙。身，已至此；心，猶未死。

——喬吉《山坡羊·冬日寫懷》

於人誠信，於官清正，居於鄉里宜和順。莫虧心，莫貪名，人生萬事皆落定，行歹暗中天照臨。疾，也報應；遲，也報應。

——張養浩《山坡羊》

貞姿不受雪霜侵，直節亭亭易見心。渭川風雨清吟枕，花開時有風尋。文湖州是個知音。春日臨風醉，秋宵對月吟，舞閑階碎影篩金。

——馬廉齋《水仙子·咏竹》

青山相待，白雲相愛，夢不到紫羅袍共黃金帶。一茅齋，野花開，管甚誰家興廢誰成敗，陋巷簞瓢亦樂哉！貧，氣不改；達，志不改。

——宋方壺《山坡羊·道情》

荆棘滿途，蓬萊閑住。諸葛茅廬，陶令松菊，張翰蒓鱸，不順俗，不妄圖，清高風度。任年年落花飛絮。

——任昱《上小樓·隱居》

區區鬱林裝，清風良可挹。千秋太守心，澄如玉壺冰。以此勵廉隅，以此重品節。

——姚承緒《頌廉石》（節）

（五）自然景觀

景風——《爾雅・釋天》

矜潔——《後漢書・寇恂傳》

勁秋——陸機《文賦》

春曉——孟浩然《春曉》

通幽——常建《題破山寺後禪院》

舒榮
——韋應物《縣齋》

涵碧
——皮日休《初入太湖》

嘯月
——杜荀鶴《早發》

清和
——司馬光《初夏》

浮翠
——蘇軾《華陰寄子由》

春蘭秋菊
——屈原《九歌》

蘭秀菊芳——漢武帝《秋風辭》

百卉含英——《後漢書·馮衍傳》

緑静春深——杜牧《漢江》

春和景明——范仲淹《岳陽樓記》

啼鶯舞燕——白樸《天净沙》

山水有清音——左思《招隱》

澄江静如練
——謝朓《晚登三山還望京邑》

霜華净碧空
——李世民《秋暮言志》

江心秋月白
——白居易《琵琶行》

微月半隱山
——蘇軾《宿臨安静土寺》

春雲似黛千山叠
——居節《春晴書見》

乳燕銜泥半帶花
——周起渭《山陰舟中》

濤似連山噴雪來——李白《橫江詞》

燕山雪花大如席——李白《北風行》

青天削出金芙蓉——李白《望廬山五老峰》

菱葉荷花净如拭——杜甫《渼陂行》

梨花一枝春帶雨——白居易《長恨歌》

露似珍珠月如弓——白居易《暮江吟》

嬌春楊柳含細煙
——李賀《浩歌》

桃花亂落如紅雨
——李賀《將進酒》

飛香走紅滿天春
——李賀《上雲樂》

百葉蓮花萬里香
——李洞《題晰上人賈島詩卷》

一樹櫻桃帶雨紅
——馮延巳《羅敷艷歌》

隔墻送過秋千影
——張先《青門引·春思》

浮萍斷處見山影
——張先《湖州西溪》

雲破月來花弄影
——張先《天仙子·送別》

亂紅飛過鞦韆去
——歐陽修《蝶戀花》

紅杏枝頭春意鬧
——宋祁《玉樓春》

澗水無聲繞竹流
——王安石《鍾山即事》

春江水暖鴨先知
——蘇軾《惠崇春江晚景》

東風夜放花千樹
——辛棄疾《元夕》

春風花草滿園春
——貫雲石《正宮·春》

月到中秋分外明
——馮夢龍《醒世恒言》

鳶飛戾天，魚躍於淵。
——《詩經·大雅·旱麓》

鶴鳴九皋，聲聞於天。
——《詩經·小雅·鶴鳴》

芳草鮮美，落英繽紛。
——陶淵明《桃花源記》

蘭生幽澗，玉輝千仞。
——《晉書·曹毗傳》

風帆沙鳥，雲烟竹樹。
——王禹偁《黄州竹樓記》

清風徐來，水波不興。
——蘇軾《前赤壁賦》

芳菲消息到，杏稍紅。
——賀鑄《小重山》

落日熔金，暮雲合璧。
——李清照《永遇樂》

寧知霜雪後，獨見松竹心。
——江淹《效阮公》

天高地迥，覺宇宙之無窮。

——王勃《滕王閣序》

桃花復含宿雨，柳綠更帶朝烟。

——王維《田園樂》

暮色千山入，春風百草香。

——蘇軾《雨晴》

雲無心以出岫，鳥知倦而飛還。

——陶淵明《歸去來兮辭》

木欣欣以向榮，泉涓涓而始流。

——陶淵明《歸去來兮辭》

風清月白偏宜夜，一片瓊田。

——歐陽修《采桑子》

垂下廉櫳，雙燕歸來細雨中。

——歐陽修《采桑子》

蘭有秀兮菊有芳，懷佳人兮不能忘。

——劉徹《秋風辭》

閑雲潭影日悠悠，物換星移幾度秋。

——王勃《滕王閣》

落霞與孤鶩齊飛，秋水共長天一色。

——王勃《滕王閣序》

春江潮水連海平，海上明月共潮生。

——張若虛《春江花月夜》

不知細葉誰裁出，二月春風似剪刀。

——賀知章《咏柳》

峨眉山月半輪秋，影入平羌江水流。
——李白《峨眉山月歌》

三山半落青天外，二水中分白鷺洲。
——李白《登金陵鳳凰臺》

山明水净夜來霜，數樹深紅出淺黄。
——劉禹錫《秋詞二首》

秋宵月色勝春宵，萬里霜天静寂寥。
——戎昱《戲題秋月》

千里鶯啼緑映紅，水村山郭酒旗風。
——杜牧《江南春》

濃緑萬枝紅一點，動人春色不須多。
——王安石《咏石榴花》

一水護田將緑繞，兩山排闥送青來。

——王安石《書湖陰先生壁》

含風鴨緑粼粼起，弄日鵝黄裊裊垂。

——王安石《南浦》

竹外桃花三兩枝，春江水暖鴨先知。

——蘇軾《惠崇春江晚景》

數點雨聲風約住，朦朧淡月雲來去。

——賀鑄《蝶戀花》

池上春歸何處？滿目落花飛絮。

——秦觀《如夢令》

楊柳不遮春色斷，一枝紅杏出墻頭。

——陸游《馬上作》

最愛東山晴後雪，軟紅光裏涌銀山。

——楊萬里《雪後晚晴》

長記曾攜手處，千樹壓，西湖寒碧。

——姜夔《暗香》

一輪秋影轉金波，飛鏡又重磨。

——辛棄疾《太常引》

東風忽起垂楊舞，更作荷心萬點聲。

——劉攽《雨後池上》

林疏放得遥山出，又被雲遮一半無。

——趙師秀《數日》

春雨斷橋人不度，小舟撑出柳陰來。

——徐俯《春游湖》

春色滿園關不住，一枝紅杏出墻來。
——葉紹翁《游園不值》

花開紅樹亂鶯啼，草長平湖白鷺飛。
——徐元杰《湖上》

惆悵後庭風味薄，自鋤明月種梅花。
——劉翰《種梅》

一池新水碧荷圓，榴花紅欲然。
——夏言《喜遷鶯》

不須迎向東郊去，春在千門萬户中。
——盧道悦《迎春》

千岩競秀，萬壑争流，草木蒙蘢，若雲興霞蔚。
——《晋書·顧愷之傳》

春水無風無浪，春天半雨半晴。紅粉相隨南浦晚，幾含情。
——和凝《春光好》

無風水面琉璃滑，不覺船移，微動漣漪，驚起沙禽掠岸飛。
——歐陽修《采桑子》

野芳發而幽香，佳木秀而繁陰，風霜高潔，水落而石出者，山間之四時也。
——歐陽修《醉翁亭記》

是處紅衰翠減，苒苒物華休。惟有長江水，無語東流。
——柳永《八聲甘州》

雨痕着物潤如酥，草色和烟近似無。嵐光罩日濃如霧，正春風啼鷓鴣。
——趙善慶《雙調·水仙子》

晚山青，一川雲樹冥冥，正參差，烟凝紫翠，斜陽畫出南屏。
——張翥《多麗·西湖泛舟席上》

雲來山更佳，雲去山如畫。山因雲晦明，雲共山高下。

——張養浩《雁兒落兼得勝令》

（六）花間清韵

雙清

——泰不華《題梅竹雙清圖》

四友

——吴鎮《梅松蘭竹四友圖》

三香

——高啓《題三香圖》

四香

——錢良右《題趙子固四香圖卷》

五清——惲壽平《五清圖》

三清——金農《三清圖》

四君子——黄鳳池《集雅齋刊梅蘭竹菊四譜小引》

三清圖——王原祁《三清圖軸》

春蘭秋菊——屈原《九歌》

君子比德——《荀子·德行》

歲寒三友——王十朋《十月二十日買梅一株頗佳置于郡齋松竹之間因爲歲寒三友》

冶姿清韵——張炎《水龍吟·白蓮》

妻梅子鶴——《宋史·隱逸傳·林逋》

梅爲清友——陳繼儒《小窗幽記》

與竹同清——陳繼儒《小窗幽記》

三友獨清——惲壽平《三友獨清圖》

綠雲紅香
——惲壽平《甌香館集·畫跋》

胭脂凍蕊
——王武《白頭三友圖軸》

逸韵幽香
——鄭熙績《賞荷》

朱華冒綠池
——曹植《公宴》

寒香沁入肺腑
——吴彦周《花史》

一枝紅艷露凝香
——李白《清平調》

一夜綠房迎白曉
——李賀《牡丹舒曲》
梨花萬片逐東風
——元稹《江花落》
離離丰骨傲霜寒
——元稹《菊花》
碧玉盤中弄水晶
——郭震《蓮花》
滿池荷葉動秋風
——竇常《秋夕》
唯有牡丹真國色
——劉禹錫《賞牡丹》

千嬌萬態破朝華
——徐凝《牡丹》

金華千點曉霜凝
——皮日休《寄崔諫議》

竹外一枝斜更好
——蘇軾《和秦太虛梅花》

菊殘猶有傲霜枝
——蘇軾《贈劉景文》

紅杏枝頭春意鬧
——宋祁《玉樓春》

獨佔三秋壓群芳
——呂聲《桂花》

清香一袖意無空

——辛棄疾《木樨花》

不隨桃李競芳菲

——李廷忠《鷓鴣天·牡丹》

翠竹如雲江水春

——倪瓚《居竹軒》

自有幽香似德人

——佘同農《咏蘭》

莫遣金心帶雨斜

——張煌言《感野人餉菊》

蒼松翠竹老梅清

——李鱓《花鳥蔬果册頁·松竹梅圖》

两竿秋節一窗青

——馬曰琯《秋日題板橋墨竹》

檀欒嬋娟，玉潤碧鮮。

——左思《吴都賦》

歲寒，然後知松柏之後凋也。

——《論語·子罕》

凌風知勁節，負雪見貞心。

——范雲《咏寒松》

桂子月中落，天香雲外飄。

——宋之問《靈隱寺》

荆溪白石出，天寒紅葉稀。

——王維《山中》

依依似君子，無地不相宜。
——劉禹錫《庭竹》

好是經霜葉，紅於帶露花。
——李中《江村秋晚》

竹裏延清友，迎風坐夕陽。
——姚合《品茗詩》

前村深雪裏，昨夜一枝開。
——齊己《早梅》

三更月，中庭恰照梨花雪。
——賀鑄《憶秦娥》

月朧朧，一樹梨花細雨中。
——陳克《豆葉黄》

松篁佳韵，倩君添做三友。

——辛棄疾《念奴嬌·戲贈善作墨梅者》

清標雅韵，有古君子之風焉。

——王冕《梅華傳》

共將冰雪操，結友歲寒時。

——徐有貞《題歲寒三友圖》

千紅萬紫，終讓梅花爲魁。

——曹雪芹《紅樓夢》

嘉南州之炎德兮，麗桂樹之冬榮。

——屈原《遠游》

忽如一夜春風來，千樹萬樹梨花開。

——岑參《白雪歌送武判官歸京》

惟奇卉之靈德，稟國香之自然。
——顏師古《幽蘭賦》

孤標百尺雪中見，長嘯一聲風裏聞。
——李山甫《松》

莫羨三春桃與李，桂花成實向秋榮。
——劉禹錫《答樂天所寄咏懷且釋其枯樹之嘆》

殷勤莫使清香透，牢合金魚鎖桂叢。
——李商隱《和友人戲贈》

若是解語應傾國，任是無情也動人。
——羅隱《牡丹》

日燒紅艷排千朵，風遞清香滿四鄰。
——王禹偁《芍藥》

秀色未饒三谷雪，清香共得五峰春。
——曾鞏《咏山茶花》

小樓一夜聽春雨，深巷明朝賣杏花。
——陸游《臨安春雨初霽》

梅須遜雪三分白，雪却輸梅一段香。
——盧梅坡《雪梅》

別有香超桃李外，更同梅鬬雪霜中
——楊萬里《月季》

小桃初破兩三花，深淺散餘霞。
——李彌遜《訴衷情》

著意聞时不肯香，香在無心處。
——曹組《卜算子·蘭》

種梅百本，與喬松、修篁爲歲寒友。
——林景熙《五雲梅舍記》

春色滿園關不住，一枝紅杏出墻來。
——葉紹翁《游園不值》

寫梅形态，是謂寫真；傳梅性情，是爲傳神。
——楊東山《梅花説》

聚葉潑成千點墨，攢花染出幾痕霜。
——陳獻章《五月菊》

春來誰做韶華主，總領百花冠群芳。
——馮琦《題牡丹》

晚香好在東籬菊，相伴秋霜入鬢華。
——于謙《連日燈花鵲噪漫成》

閑中立品無人覺，淡處逢時自古難。

——張問陶《梅花》

石畔青青竹數竿，傍添瑞草是幽蘭。

——鄭燮《三友圖》

歲不寒，無以知松柏；事不難，無以知君子。

——《荀子·大略》

致仕還家，階庭忽蘭菊叢生，以爲德行之感焉。

——《晉書·文苑傳·羅含》

梅寒而秀，竹瘦而壽，石文而醜，是謂歲寒三友。

——蘇軾《題文同梅竹石畫》

梅以韵勝格高，故以横斜疏瘦與老枝怪奇者爲貴。

——范成大《梅譜》

百花齊放，四君偕來。共度盛世，懿歟休哉。

——俞劍華《四君偕來圖》

爲草當作蘭，爲木當作松。蘭幽香風遠，松寒不改容。

——李白《於五松山贈南陵常贊府》

如竹箭之有筠也，如松柏之有心也，二者居天下之端矣。

——《禮記·禮器》

芝蘭生於深谷，不以無人而不芳；君子修道立德，不爲窮困而改節。

——《孔子家語》

貴不移於本性，方有儷於君子之節；聊染翰以寄懷，用垂示於來哲。

——宋璟《梅花賦》

其爲質也，不易葉而改柯；其爲心也，甘冒霜而停雪。叶幽人之雅趣，明君子之奇節。

——李紳《寒松賦》

有貞心勁節，用固其本，御攘冰霜，以貫歲寒，故君子儀之。

——柳宗元《送崔群序》

蘭甚似乎君子，生於深山薄叢之中，不爲無人而不芳，雪霜凌厲而見殺，來歲不改其性也。

——黄庭堅《書幽蘭序》

菊之名著於《周官》，咏於詩騷，植物中可方蘭桂，人中惟靈均、淵明似之。

——劉克莊《題建陽馬君菊譜》

修潔灑落，秀外瑩中，玉立風塵之表，飄飄然真神仙中人。

——王冕《梅花賦》

梅有四貴，貴稀不貴繁，貴老不貴嫩，貴瘦不貴肥，貴合不貴開。

——《潛確類書》

文房清供，獨取梅、竹、蘭、菊四君者，無他，則以其幽芬逸致，偏能滌人秽腸而澄瑩其神骨。

——陳繼儒《題梅竹蘭菊四譜小引》

雪中月季，冰鱗玉柯，危幹凝碧，真歲寒之麗賓，絶塵之畸客。

——惲壽平《甌香館集·補遺畫跋》

梅以曲爲貴，直則無姿；以欹爲貴，正則無景；以疏爲貴，密則無態。

——龔自珍《病梅館記》

（七）喜慶吉祥

康樂

——《禮記·樂記》

合巹

——《禮記·昏義》

添丁

——謝肇淛《五雜俎》卷二

和爲貴　——《論語·學而》

交杯酒　——《東京夢華録·娶婦》

吉事有祥　——《周易·繫辭》

日月麗天　——《周易·離卦》

福壽康寧　——《尚書·洪範》

琴瑟和鳴——《尚書·益稷》

萬壽無疆——《詩經·小雅·天保》

時和歲豐——《詩經·小雅·華黍序》

燕爾新婚——《詩經·邶風·谷風》

鳳鳴朝陽——《詩經·大雅·卷阿》

天作之合——《詩經·大雅·大明》

和氣致祥　——《漢書·劉向傳》

比翼齊飛　——《爾雅·釋地》

相敬如賓　——《後漢書·龎公》

安居樂業　——仲長統《昌言》

否終則泰　——《吴越春秋·勾踐入臣外傳》

華茂春松　——曹植《洛神賦》

鸞鳳和鳴——嵇康《琴賦》

惠風和暢——王羲之《蘭亭序》

怡然自樂——陶淵明《桃花源記》

政通人和——范仲淹《岳陽樓記》

維熊佳夢——蘇軾《减字木蘭花》

龍飛鳳舞——蘇軾《表忠觀碑》

景星慶雲

——沈受先《三元記·團圓》

君子成人之美

——《論語·顏淵》

蜘蛛集而百事喜

——《西京雜記》

壽觴舉，慈顏和。

——潘岳《閑居賦》

飛香走紅滿天春

——李賀《浩歌》

萬紫千紅總是春

——朱熹《春日》

樂者，天下之中和。

——王安石《禮樂論》

桃之夭夭，灼灼其華。

——《詩經·周南·桃夭》

之子于歸，宜其室家。

——《詩經·周南·桃夭》

綿綿瓜瓞，民之初生。

——《詩經·大雅·綿》

如竹苞矣，如松茂矣。

——《詩經·小雅·斯干》

妻子好合，如鼓瑟琴。

——《詩經·小雅·常棣》

壽考惟祺，以介景福。
——《詩經·大雅·行葦》

貽厥孫謀，以燕翼子。
——《詩經·大雅·文王有聲》

爲此春酒，以介眉壽。
——《詩經·豳風·七月》

翩若驚鴻，婉若游龍。
——曹植《洛神賦》

奉爵稱壽，雅歌吹笙。
——吴昌碩撰联

君子以文會友，以友輔仁。
——《論語·顔淵》

願爲雙飛鳥，比翼共翺翔。
——阮籍《咏懷詩》

兄弟敦和睦，朋友篤信誠。
——陳子昂《座右銘》

海内逢康日，天邊見壽星。
——李頻《府試老人星見》

父子篤，兄弟睦，夫婦和，家之肥也。
——《禮記·禮運》

與天地兮比壽，與日月兮齊光。
——屈原《九章·涉江》

人美滿中秋月，月嬋娟良夜天。
——王愛山《雙調·水仙子》

爆竹驚寒，疏梅送臘，歲轉韶華。
——張大烈《東風齊著力》

樂無事日有喜，飲且食壽而康。
——劉墉撰聯

君子之交淡若水，小人之交甘若醴。
——《莊子·山木》

天下良辰、美景、賞心、樂事，四者難併。
——謝靈運《擬魏太子鄴中集詩八首序》

樓台飛舞祥烟外，鼓笛喧呼明月中。
——陸游《武林》

葵榴花下自稱觴，南極星輝滿華堂。
——陸治《題端陽即景圖》

迎春爆竹除宵禁，破萼唐花逼歲新。
——陳曾壽《壬申除夕》

兄弟既翕，和樂且湛。宜爾家室，樂爾妻孥。
——《詩經·小雅·棠棣》

出自幽谷，遷於喬木。嚶其鳴矣，求其友聲。
——《詩經·小雅·伐木》

相彼鳥矣，猶求友聲；矧伊人矣，不求友生。
——《詩經·小雅·伐木》

維熊維羆，男子之祥。維虺維蛇，女子之祥。
——《詩經·小雅·斯干》

綢繆束薪，三星在天。今夕何夕，見此良人。
——《詩經·唐風·綢繆》

砥德礪才，增榮益譽。駕福乘喜，長樂永康。

——阮元撰联

三千年花，三千年實，獲壽保年，與天無極。

——趙之謙《仙桃圖》題句

和氣祥光，清聲美行。尊德樂義，含澤戴仁。

——高振霄撰联

五福：一曰壽；二曰富；三曰康寧；四曰攸好德；五曰考終命。

——《尚書·洪範》

如南山之壽，不騫不崩。如松柏之茂，無不爾或承。

——《詩經·小雅·天保》

如竹苞矣，如松茂矣。兄及弟矣，式相好矣，無相猶矣。

——《詩經·小雅·斯干》

結髮爲夫妻，恩愛兩不疑。觀娱在今夕，燕婉及良時。

——蘇武《結髮爲夫妻》

時人之家，聞鵲聲，皆爲喜兆，故謂靈鵲報喜。

——王仁裕《開元天寶遺事》

灼灼桃之華，頳顔如中酒。一開三千年，結實大如斗。

——吴昌碩《題桃石圖》

（八）藝術論萃

悦話

——陶淵明《歸去來兮辭》

真意

——陶淵明《飲酒》

怡顔
——陶淵明《歸去來兮辭》

暢神
——宗炳《畫山水序》

真趣
——江淹《綴東陽仲文興矚》

逸趣
——沈約《游鍾山詩應西陽王教》

傳神
——《世説新語·巧藝》

悦情
——姚最《讀畫品録》

逼真——韓偓《倒押前韵》

洗練——司空圖《二十四詩品》

勁健——司空圖《二十四詩品》

綺麗——司空圖《二十四詩品》

自然——司空圖《二十四詩品》

含蓄——司空圖《二十四詩品》

豪放 ——司空圖《二十四詩品》

悲慨 ——司空圖《二十四詩品》

形容 ——司空圖《二十四詩品》

超詣 ——司空圖《二十四詩品》

飄逸 ——司空圖《二十四詩品》

曠達 ——司空圖《二十四詩品》

流動

——司空圖《二十四詩品》

雄渾

——司空圖《二十四詩品》

冲淡

——司空圖《二十四詩品》

纖穠

——司空圖《二十四詩品》

沉著

——司空圖《二十四詩品》

高古

——司空圖《二十四詩品》

典雅——司空图《二十四诗品》

精神——司空图《二十四诗品》

缜密——司空图《二十四诗品》

疏野——司空图《二十四诗品》

清奇——司空图《二十四诗品》

委曲——司空图《二十四诗品》

實境——司空圖《二十四詩品》

生意——劉道醇《聖朝名畫評》

天趣——何汶《竹莊詩話》

奪真——鄧椿《畫繼》

奇趣——惠洪《冷齋夜話》

讀畫——張遺《讀畫録序》

聽香
——張問陶《題畫》

攝情
——惲壽平《南田畫跋》

氣韵
——黄鉞《二十四畫品》

神妙
——黄鉞《二十四畫品》

高古
——黄鉞《二十四畫品》

蒼潤
——黄鉞《二十四畫品》

沈雄——黄钺《二十四画品》

冲和——黄钺《二十四画品》

淡远——黄钺《二十四画品》

朴拙——黄钺《二十四画品》

超脱——黄钺《二十四画品》

奇闢——黄钺《二十四画品》

縱橫
——黄鉞《二十四畫品》

淋漓
——黄鉞《二十四畫品》

荒寒
——黄鉞《二十四畫品》

清曠
——黄鉞《二十四畫品》

性靈
——黄鉞《二十四畫品》

圓渾
——黄鉞《二十四畫品》

幽邃

——黄鉞《二十四畫品》

明净

——黄鉞《二十四畫品》

健拔

——黄鉞《二十四畫品》

簡潔

——黄鉞《二十四畫品》

精謹

——黄鉞《二十四畫品》

儁爽

——黄鉞《二十四畫品》

空靈
——黃鉞《二十四畫品》

韶秀
——黃鉞《二十四畫品》

玉壺冰
——鮑照《代白頭吟》

畫聲難
——方干《項洙處士畫水墨釣臺》

適吾意
——蘇軾《書朱象先畫後》

無聲詩
——黃庭堅《次韵子瞻子田憩寂圖》

快人意——郭熙《林泉高致》

無形畫——郭熙《林泉高致》

繪事後素——《論語·八佾》

餘音繞樑——《列子·湯問》

響遏行雲——《列子·湯問》

遷想妙得——顧愷之《論畫》

遊目騁懷　——王羲之《蘭亭集序》

漸入佳境　——《晋書·顧愷之傳》

大筆如椽　——《晋書·王珣傳》

冰清玉潔　——《晋書·賀循傳》

澄懷觀道　——《南史·宗少文傳》

虛神靜思　——王紹宗《與人書》

神融筆暢——孫過庭《書譜》

海涵地負——韓愈《南陽樊紹述墓志銘》

錦心綉口——柳宗元《乞巧文》

龍翔鳳躍——李漢《韓昌黎集序》

意存筆先——張彥遠《歷代名畫記》

怡悦情性——張彥遠《歷代名畫記》

閱音修篁——司空圖《二十四詩品》

趣味澄敻——司空圖《與王駕評詩書》

夢筆生花——王仁裕《開元天寶遺事》

静觀自得——程顥《七律》

筆力扛鼎——邵博《邵氏聞見後録》

遺貌取神——陸時雍《詩鏡總論》

高情逸思
——方薰《山静居論畫》

天趣飛翔
——惲壽平《甌香館集·畫跋》

境生於象外
——劉禹錫《董氏武陵集記》

詩傳畫外意
——晁補之《和蘇翰林題李甲畫雁》

神遇而迹化
——石濤《苦瓜和尚畫語録·山川章》

臭腐化爲神奇
——《莊子·知北游篇》

天雨粟，鬼神哭。

——李嗣真《書品後》

成教化，助人倫。

——張彥遠《歷代名畫記》

言有盡而意無窮。

——严羽《滄浪詩話》

精鶩八極，心游萬仞。

——陸機《文賦》

收視反聽，絶慮疑神。

——虞世南《筆髓論》

春虹飲澗，落霞浮浦。

——李嗣真《書後品》

思慮通審，志氣和平。

——孫過庭《書譜》

無間心手，忘懷楷則。

——孫過庭《書譜》

超乎象外，得其環中。

——司空圖《二十四詩品》

不著一字，盡得風流。

——司空圖《二十四詩品》

怒猊抉石，渴驥奔泉。

——《新唐書·徐浩傳》

詩中有畫，畫中有詩。

——蘇軾《東坡題跋·書摩詰藍田烟雨圖後》

丹青吟咏，妙處相資。

——蔡絛《西清詩話》

渾涵光芒，雄視百代。

——《宋史·蘇軾傳》

瘦硬枯勁，一斡萬鈞。

——方回《讀張功義南湖集序》

龍跳天門，虎踞鳳閣。

——乾隆《跋王羲之帖》

無法之法，乃爲至法。

——石濤《畫語録》

神韵幽閑，斯稱逸品。

——笪重光《畫筌》

書畫清高，首重人品。

——松年《頤年論畫》

疏可走馬，密不透風。

——姚孟起《字學臆參》

妙在似與不似之間

——齊白石（論畫《齊白石畫集序》引）

始於方正，終於變化。

——黃綺《結構與破體》

苟日新，日日新，又日新。

——《禮記·大學》

衆賓悉精妙，清辭灑蘭藻。

——謝靈運《擬魏太子鄴中集平原侯植》

動天地感鬼神，莫近於詩。
——鍾嶸《詩品》

含不盡之意，見於言外。
——歐陽修《六一詩話》

其身與竹化，無窮出清新。
——蘇軾《書晁補之所藏與可畫竹》

村村皆畫本，處處有詩材。
——陸游《舟中作》

學詩如參禪，慎勿參死句。
——曾幾《讀呂居仁舊詩有懷》

詩家無限意，都聚一亭中。
——文徵明《題水亭詩意圖》

萬物貴取影，寫竹更宜然。

——徐渭《畫竹》

作詩須有寄託，作畫亦然。

——盛大士《谿山卧游録》

畫有三到：理也、氣也、趣也。

——盛大士《溪山卧游録》

立片言而居要，乃一篇之警策。

——陸機《文賦》

咏世德之駿烈，誦先人之清芬。

——陸機《文賦》

仰觀宇宙之大，俯察品類之盛。

——王羲之《蘭亭集序》

立萬象於胸懷，傳千祀於毫翰。

——姚最《續畫品》

聖人含道映物，賢者澄懷味象。

——宗炳《畫山水序》

窮變態於毫端，合情調於紙上。

——孫過庭《書譜》

思如泉而吐鳳，筆爲海而吞鯨。

——竇臮《述書賦》

發纖濃於簡古，寄至味於淡泊。

——蘇軾《題黄子思詩集後》

禪道惟在妙悟，詩道亦在妙悟。

——严羽《滄浪詩話》

品格高、思想奇，畫無不有氣韵。

——潘天壽《潘天壽談藝録》

看似尋常最奇崛，成如容易却艱辛。

——王安石《題張文昌詩後》

想初盤礴落筆時，毫端已與心機化。

——黄庭堅《觀王熙叔唐本草書歌》

李侯有句不肯吐，淡墨寫出無聲詩。

——黄庭堅《題伯時天育驃騎圖》

風神迴出本天姿，功力亦自精勤至。

——劉子翚《臨池歌》

吾爲畫，如騷人賦詩，吟咏情性而已。

——《宣和畫譜》卷七（李公麟）

久知圖畫非兒戲，到處雲山是我師。

——趙孟頫《蒼林叠岫圖》

從來藝事關人品，敢謂今人非古人。

——文徵明《題沈氏所藏石田临小米大姚江圖》

一樓領略足人杰，萬象描摹由化工。

——祝允明《題沈周仙山樓閣圖卷》

吟詩寫畫如參禪，不向他人被裏眠。

——祝允明《題畫》

影落碧紗窗子上，便拈素筆寫將來。

——鄭燮《題墨行》

滿眼生機轉化鈞，天工人巧日争新。

——趙翼《論詩》

變則新，不變則腐；變則活，不變則板。

——李漁《閑情偶寄·演習部·雙調》

寂然凝慮，思接千載，悄焉動容，視通萬里。

——劉勰《文心雕龍》

凝神靜慮，端己正容，秉筆思生，臨池志逸。

——歐陽詢《書法》

情馳神縱，超逸優游，臨事制宜，從意適變。

——張懷瓘《論王獻之草上》

凝神遐想，妙語自然，物我兩忘，離形去智。

——張彥遠《歷代名畫記》

天風浪浪，海山蒼蒼。真力彌滿，萬象在旁。

——司空圖《二十四詩品》

落落欲往，矯矯不群。緱山之鶴，華頂之雲。

——司空圖《二十四詩品》

意新語工，得前人所未道者，斯爲善也。

——歐陽修《六一詩話》引梅堯臣語

出新意於法度之中，寄妙理於豪放之外。

——蘇軾《書吴道子畫後》

高韵深情，堅質浩氣，缺一不可以爲書。

——劉熙載《書概》

從有筆墨處求法度，從無筆墨處求神理。

——王紱《書畫傳習録》

腕底風情，陶然自得，内可以樂志，外可以養身。

——董棨《養素齋畫學鈎探》

書道之妙，神采爲上，形質次之，兼之者方可紹於古人。

——王僧虔《筆意贊》

狀難寫之景，如在眼前；含不盡之意，見於言外。

——歐陽修《六一詩話》引梅堯臣語

凡書，筆畫要堅而渾，體勢要奇而穩，章法要變而貫。

——劉熙載《藝概》

作書如作畫者得墨法，作畫如作書者得筆法。

——戴熙《習苦齋畫絮》

可以養性情，且可滌煩襟，破孤悶，釋躁心，迎静氣。

——王昱《東莊論畫》

咫尺之内，而瞻萬里之遥；方寸之中，乃辨千尋之峻。

——姚最《續畫品》

故歌者上如抗，下如隊，曲如折，止如槀木，倨中矩，句中鉤，纍纍乎端如貫珠。

——《禮記·樂記》

幹之以風力，潤之以丹彩，使味之者無極，聞之者動心，是詩之至也。

——鍾嶸《詩品》

字雖有質，迹本無爲。禀陰陽而動静，體物象而成形。達性通變，其常不主。

——虞世南《筆髓論》

藏鋒以包其氣，露鋒以縱其神；藏鋒以求持重，露鋒以至飄逸。

——孫過庭《書譜》

窮變態於毫端，合情調於紙上，無間心手，忘懷楷則，自可背羲獻而無失，違鍾張而尚工。

——孫過庭《書譜》

博學問以究天地古今之理，廣游觀以窮動植流峙之奇，然後能通靈感動，變化從心，新理異態自然生於腕底。

——孫過庭《書譜》

筆成冢，墨成池，不及羲之即獻之；筆禿千管，墨磨萬鋌，不做張芝做索靖。

——蘇軾《題二王書》

喜即氣和而字舒；怒則氣粗而字險；哀即氣鬱而字斂；樂則氣平而字麗。情有輕重，則字之斂舒險麗亦有淺深，變化無窮。

——陳繹曾《翰林要訣》

清新、秀逸、冲遠、和平、流麗、精工、莊嚴、奇峭，名家所擅，大家之所兼也；浩翰、汪洋、錯綜、變幻、雄渾、豪宕、宏廓、沉深，大家所長，名家之所短也。

——胡應麟《詩藪》

寧拙毋巧，寧醜毋媚，寧支離毋輕滑，寧直率毋安排，回臨池既倒之狂瀾矣。

——傅山《霜紅龕集》

學書者先貴立品，立品之人，筆墨外自有一種正大光明之概。

——王昱《東莊論畫》

短箋長卷，意態揮灑，則帖擅其長；界格方嚴，法書深刻，則碑據其勝。

——阮元《北碑南帖論》

坡翁奇氣本超倫，揮灑縱橫欲絕塵。直到晚年師北海，更於平淡見天真。

——王文治《論書絕句》

非盡百家之美，不能成一人之奇；非取法至高之境，不能開獨造之域。

——劉開《與阮芸臺宮保論書文》

人品高，學問深，下筆自然有書卷氣，有書卷氣即有氣韵。

——蔣驥《傳神秘要》

藝術之美之所以優於自然之美者，全存於使人易忘物我之關係也。

——王國維《静庵文集》

不隨世俗任孤行，自喜年來筆墨真。寫到靈魂最深處，不知有我更無人。

——林散之《論書》

第二編　楹聯

（一）名人聯

白雲怡意，清泉洗心。

——李邕《唐故葉有道先生神道碑並序》

德茂松柏，聲振金石。

——《劉子·貴言》

天垂餘慶，地接長春。

——孟昶撰

曾三顏四，禹寸陶分。

——鄭燮撰

和神當春，清節爲秋。
——汪士鋐撰

學古有獲，養志無違。
——徐天嘯撰

尺璧非寶，寸陰是競。
——章錫琛撰

爲善最樂，讀書便佳。
——李根源撰

仁心爲質，大德曰生。
——蔡麟昭撰

新年納餘慶，嘉節號長春。
——孟昶撰

静賞興無盡，劇談歡有餘。

——文彦博撰

風竹有聲畫，石泉無操琴。

——真山民撰

風泉兩部樂，松竹三益友。

——蘇軾撰（《陔餘叢考》引）

花落縱横雨，鶯啼澮蕩春。

——楊基撰

雨氣露書濕，茶烟隔竹清。

——文徵明撰

竹月漫當局，松風如在弦。

——祝允明撰

相與觀所尚，時還讀我書。
——祝允明撰

静坐參衆妙，清譚適我情。
——董其昌撰

鐵肩擔道義，妙手著文章。
——楊繼盛撰

文章千古事，風雨十年人。
——伊秉綬撰

清詩宗韓柳，嘉酒集歐梅。
——伊秉綬撰

翰墨因緣舊，烟雲供養宜。
——伊秉綬撰

谿船傍蒼嶼，夜月浮空潭。
——王時敏撰

松篁無俗韵，金石有遺音。
——汪士鋐撰

披雲對清朗，含景望芳菲。
——張照撰

翰墨資吟興，雲泉適野情。
——張照撰

茶香秋夢後，松韵曉吟時。
——袁枚撰

竹因虛受益，松以静延年。
——笪重光撰

三絶詩書畫，一官歸去來。
——鄭燮撰

室雅何須大，花香不在多。
——鄭燮撰

汲古得修綆，開琴弄清弦。
——朱彝尊撰

共知心如水，安見我非魚。
——宋犖撰

風篁類長笛，流水當鳴琴。
——何紹基撰

春秋多佳日，山水有清音。
——潘奕雋撰

虛懷能自得，實政要人爲。
——張問陶撰

修竹有高致，凉花多净心。
——張問陶撰

風暖柳仍緑，春晴花更濃。
——柯九思撰

白眼觀天下，丹心報國家。
——宋教仁撰

俠心通劍氣，麗句有金聲。
——李德群撰

天意憐幽草，人間愛晚晴。
——弘一法師撰

心無一事累，物有十分春。
——梁漱溟撰

秀句滿江國，芳聲騰海隅。
——沈尹默書

海釀千鍾酒，山栽萬仞葱。
——陳毅撰

直聲滿天下，殊勛炳世間。
——趙樸初撰

山静似泰古，日長如小年。
——陳豫鍾撰

學業日惟不足，精神養則有餘。
——張大千撰

静坐得幽趣，清游快此生。
——李瑞清撰

風雲三尺劍，花鳥一牀書。
——左光斗撰

松柏有本性，金石見盟心。
——康有爲撰

恪勤在朝夕，懷抱觀古今。
——康有爲撰

芳樹垂緑葉，好鳥鳴高枝。
——于右任撰

花鳥成相識，琴書付兩忘。
——于右任撰

湖中波不起，天寬月徐行。

——于右任撰

行文簡淺顯，做事誠平恒。

——啓功撰

草堂臨聖迹，花徑覓詩魂。

——李鐸撰

清閟雲林題閣，英光米老名齋。

——翁方綱撰

言或自成天趣，事當曲盡人情。

——張元濟撰

惟昭質其未虧，恐修名之不立。

——楊法撰

鐵石梅花氣概，山川香草風流。
——王遐舉撰

水能性淡爲吾友，竹解心虛即我師。
——白居易撰

烟波跌宕紅塵外，風月縱横玉笛中。
——黄庭堅撰

雲開遠嶂碧千叠，雨過落花紅半溪。
——真山民撰

日月兩輪天地眼，詩書萬卷聖賢心。
——朱熹撰

静中見得天機妙，閑裏回觀世路難。
——戴石屏撰

開門草色侵書幌，隔水松聲和玉簫。
——倪瓚撰

古墨輕磨滿几香，硯池新浴照人光。
——趙孟頫撰

取月用風無盡藏，傍花隨柳足閑心。
——沈周撰

筆硯更償閑裏債，茗熏聊結靜中緣。
——文徵明撰

每聞善事心先喜，得見奇書手自抄。
——祝允明撰

蒼松翠柏真佳客，明月清風是故人。
——唐寅撰

千林映日鶯亂啼，萬樹圍春燕雙飛。

——唐寅撰

澗雪壓多松偃蹇，岩泉滴久石玲瓏。

——史可法撰

春随香草千年艷，人與梅花一樣清。

——徐霞客撰

曲徑每過三益友，小庭長對四时花。

——陳洪綬撰

清風有意難留我，明月無心自照人。

——王夫之撰

喚我開門對曉月，送人何處嘯秋風。

——查士標撰

翠濕密篁溪上雨，霜生凉葉樹頭風。
——惲壽平撰

名花未落如相待，佳客能來不費招。
——惲壽平撰

詩思亂隨春草發，酒腸應似洞庭寬。
——惲壽平撰

慈竹霜臺丹鳳集，桐花香萎白雲懸。
——王原祁撰

揀茶爲款同心友，築室因藏善本書。
——張廷濟撰

操成正固稱完璞，陶鑄含弘若渾金。
——鄭燮撰

相賞有松石間意，望之若神仙中人。
——桂馥撰

山分秋色歸紅葉，風釣蘋香入畫船。
——劉墉撰

閑中覓伴書爲上，身外無求睡最安。
——劉墉撰

人遠忽聞清籟起，心閑頻得異書看。
——劉墉撰

題詩雅有高人和，吹笛閑尋野鶴聽。
——劉墉撰

山勢盤陀真是畫，泉流宛委遂成書。
——何紹基撰

清譚三尺竹如意，宴坐一枝松養和。
——梁同書撰

人間歲月閑難得，天下知交老更親。
——王文治撰

林亭以外初無事，山水之間大有人。
——王文治撰

得好友來如對月，有奇書讀勝看花。
——王文治撰

不知明月爲誰好，時有落華隨我行。
——鄧石如撰

雲巢古木千章秀，花吐芳池一鏡香。
——洪亮吉撰

左圖右記如指掌，前古後今成賞心。
——洪亮吉撰

追摹古人得真趣，別出心意成一家。
——鐵保撰

竹深松古鳴琴處，茶熟香清讀畫時。
——鐵保撰

再游又遇稱觴節，百壽應歸作德人。
——伊秉綬撰

精神到處文章老，學問深時意氣平。
——石韫玉撰

山前倚杖看雲起，松下橫琴待鶴歸。
——沈復撰

留客清言修竹裏，得詩妙境晚風前。
——錢杜撰

名畫要如詩句讀，古琴兼作水聲聽。
——張問陶撰

新得園林栽樹法，喜聞子弟讀書聲。
——陳鴻壽撰

勸子勿爲官所腐，知君欲以詩相磨。
——梁章鉅撰

敏則有功公則説，淡而不厭簡而文。
——梁章鉅撰

疏簾花影二分月，細雨春林一半烟。
——包世臣撰

閑尋詩册應多味，得意魚鳥來相親。

——梁山舟撰

長空有月明兩岸，秋水不波行一舟。

——林則徐撰

師友肯臨容膝地，兒孫莫負等身書。

——林則徐撰

放眼青山摩詰畫，盪胸滄海少陵詩。

——李昀撰

居身不使白玉玷，潔志直與青雲齊。

——祁雋藻撰

亭臨流水地斯趣，室有幽蘭人亦清。

——祁雋藻撰

華間酌酒邀明月，竹裏題詩掃緑雲。
——吴熙載撰

勸課農桑誠有道，寄懷魚鳥欲忘形。
——左宗棠撰

紅葉麗時應取醉，白雲深處好尋詩。
——李鴻章撰

筆下雲烟龍夭矯，胸中書史雪光明。
——李鴻章撰

相逢柳色還青眼，坐聽松聲起碧濤。
——俞樾撰

欲除煩惱須無我，歷盡艱難好作人。
——俞樾撰

新雨客疏塵鎖几，故山秋淡樹藏樓。
——趙之謙撰

爽借清風明借月，動觀流水静觀山。
——趙之謙撰

骨氣乃有老松格，神妙獨到秋毫顛。
——翁同龢撰

老自退閑非世棄，貧蒙强健是天憐。
——陳豪撰

好書不厭看還讀，益友何妨去復來。
——毛懷撰

墻外春山横黛色，門前流水帶花香。
——楊沂孫撰

我畫意造本無法，此詩有味君勿傳。

——齊白石撰

安危他日終須仗，甘苦來時要共嘗。

——孫文撰

願乘風破萬里浪，甘面壁讀十年書。

——孫文撰

貧托長鑱以爲命，詩扛健筆未能休。

——沈鈞儒撰

窮經安有息肩日，抗日即爲絶頂人。

——馮玉祥撰

立志不隨流俗轉，留心學到古人難。

——葉恭綽撰

尊前訂就千秋業，堂下羅生十種花。
——葉恭綽撰

沙邨白雪仍含凍，山縣紅梅已放春。
——胡小石撰

詩成十首不供寫，身與一山相對閑。
——沈尹默撰

百卉生時多雨露，萬峰高處起烟雲。
——高燮撰

供石略存稽古意，養花都是愛寸心。
——高燮撰

五三六經可誦讀，二十八宿羅心胸。
——王蘊章撰

風流肯落他人後，神妙獨到秋豪顛。
——王蘊章撰

佳客偶來還掃榻，好花開處亦臨窗。
——范烟橋撰

踵羲皇而齊泰，體虚静以儲神。
——張大千撰

一回酒渴思吞海，幾度詩狂欲上天。
——張大千撰

繭紙背臨懷素帖，烏絲手寫比紅詩。
——張大千撰

懶思身外無窮事，得讀人間未見書。
——張大千撰

閑憐鶴貌偏宜畫，暗辨桐材自作琴。

——張大千撰

幾多怪石全勝畫，無限好山都上心。

——馬公愚撰

舊書不厭百回讀，佳客來時一座傾。

——李根源撰

法書名畫供陶寫，漢隸唐碑任斟量。

——陳去病撰

曾驚秋肅臨天下，敢遺春温上筆端。

——魯迅撰

横眉冷對千夫指，俯首甘爲孺子牛。

——魯迅撰

板凳要坐十年冷，文章不寫一句空。
——范文瀾撰

樂山樂水得静趣，一丘一壑自風流。
——蘇淵雷撰

秋水爲神玉爲骨，詞源如海筆如椽。
——黄興撰

夜雨長深三尺水，春風新上數枝藤。
——蔡元培撰

庾亮結廬山掛眼，孔融好客酒盈樽。
——蔡寅撰

藤垂絶壁雲添潤，風静寒塘花正開。
——蔡寅撰

有關家國書常讀，無益身心事莫爲。

——徐特立撰

與有肝膽人共事，從無字句處讀書。

——周恩來撰

雙飛金鶴稱高壽，獨立蒼松到百年。

——錢仲聯撰

觀滄海烟波浩淼，游崇山雲日光華。

——歐陽中石撰

雨入花心，自成甘苦。水歸器内，各現方圓。

——金聖歎撰

春氣遂爲詩人所覺，夜坐能使畫理自深。

——林則徐撰

守古老家風惟孝惟友，教後來恒業曰讀曰耕。

——梁同書撰

守獨悟同，别微見顯；辭高居下，置易就難。

——翁同龢撰

欺人如欺天，毋自欺也；負民即負國，何忍負之。

——魏向恒撰

含英咀華，揚権今古；鈎玄提要，鎔鑄中西。

——段玉裁撰

著手成春，暗與道含；用心若鏡，清恐人知。

——陸潤庠撰

得月便佳，是山都好；無書不讀，有酒即仙。

——姚孟起撰

長嘯一聲，山鳴谷應；舉頭回顧，海闊天空。
——范當世撰

楊柳樓台，春風人面；蘭苕翡翠，初日芙蓉。
——吴昌碩撰

唇亡齒寒，輔車相依；披髪纓冠，衆志成城。
——劉少奇撰

山高水深，斯人不出；烟情霞想，其志可知。
——蕭蜕撰

緑意紅情，春風夜雨；高山流水，琴韵書聲。
——林散之撰

金石其心，芝蘭其室；仁義爲友，道德爲師。
——張大千撰

滄勝如歸，寄心清尚；聆音俞漠，托契孤游。
——汪東撰

茹芝餌黃，貴壽無極；春城夏國，福禄永康。
——陳其美撰

先德光華，勒名鐘鼎；清游勝迹，會采畫圖。
——黃賓虹撰

款語梅邊，試温香鼎；夜深竹外，待拂吟箋。
——吴梅撰

白鶴在天，青松存性；秋花愛雨，晚柏知寒。
——黃節撰

達性任情，與福俱遇；增榮益譽，履德不愆。
——葉恭綽撰

湖上笠翁，端推妙手；江頭米老，應是知音。

——麟慶撰

獨倚修竹，相期誰來；閑看浮雲，所思不遠。

——王西野撰

龍潤風回，萬壑松濤連海氣；鷲峰雲斂，千年桂月映湖光。

——趙孟頫撰

風聲雨聲讀書聲，聲聲入耳；家事國事天下事，事事關心。

——顧憲成撰

曲水崇山，雅集逾獅林虎阜；蒔花種竹，風流繼文畫吴詩。

——張元萬撰

有志者事竟成，破釜沉舟，百二秦關終屬楚；苦心人天不負，卧薪嘗膽，三千越甲可吞吴。

——蒲松齡撰

百尺高梧，撑得起一輪明月；數椽矮屋，留不住五夜書聲。

——夏丏尊撰

緑野風烟，平泉草木，東山歌酒；蘭蕙心情，海棠韵度，楊柳腰肢。

——易孺撰

三多以外有三多，多德多才多覺悟；四美之先標四美，美名美壽美兒孫。

——俞樾撰

且住爲佳，何必園林窮勝事；集思廣益，豈惟風月助清談。

——俞樾撰

積累譬爲山，得寸則寸，得尺則尺；功修無幸獲，種豆得豆，種瓜得瓜。

——俞樾撰

不拘乎山水之形，雲陣皆山，月光皆水；有得於酒詩之意，花酣也酒，鳥笑也詩。

——趙之謙撰

芝蕖無根，醴泉無源，人貴自主；流水不腐，户樞不蠹，民生在勤。

——樓邨撰

誰倚碧闌干，湖山盡入尊俎；人隔銀河水，月華却到朱門。

——唐醉石撰

嗅窗前寒梅數點，且任我俯仰以嬉；攀月中仙桂一枝，久讓人婆娑而舞。

——《儒林外史》

紅粉墻頭，燕子來時春社，秋千景裏，梨花落後清明。

——錢君匋撰

心有三愛，奇書駿馬佳山水；園栽四物，青松翠竹白梅蘭。

——方志敏撰

生無補乎時，死無關乎數，辛辛苦苦，著二百五十餘卷書，流播四方，是亦足矣；仰不愧於天，俯不怍於人，浩浩蕩蕩，數半生三十多年事，放懷一笑，吾其歸歟。

——俞樾自撰挽聯

滄海日，赤城霞，峨眉雪，巫峽雲，洞庭月，彭蠡烟，瀟湘雨，武夷峰，廬山瀑布，合宇宙奇觀，繪吾齋壁；少陵詩，摩詰畫，左傳文，馬遷史，薛濤箋，右軍帖，南華經，相如賦，屈子離騷，收古今絶藝，置我山窗。

——鄧石如撰

讀《書》取正，讀《易》取變，讀《騷》取幽，讀《莊》取達，讀《漢文》取堅，最有味卷中歲月；與菊同野，與梅同疏，與蓮同潔，與蘭同芳，與海棠同韵，定自稱花裏神仙。

——陸潤庠撰

（二）詩句聯

三秋桂子，十里荷花。
——柳永《望海潮》

霧失樓台，月迷津渡。
——秦觀《踏莎行》

驛寄梅花，魚傳尺素。
——秦觀《踏莎行》

纖雲弄巧，飛星傳恨。
——秦觀《鵲橋仙》

素月分輝，明河共影。
——張孝祥《念奴嬌》

秋月揚明輝，冬嶺秀孤松。
——陶淵明《四時》

暖暖遠人村，依依墟裏烟。
——陶潛《歸園田居》

青松夾路生，白雲宿檐端。
——陶淵明《擬古》

春晚緑野秀，岩高白雲屯。
——謝靈運《入彭蠡湖口》

池塘生春草，園柳變鳴禽。
——謝靈運《登池上樓》

野曠沙岸净，天高秋月明。
——謝靈運《初去郡》

少壯輕年月，遲暮惜光輝。
——何遜《贈諸舊游》

疏峰時吐月，密樹不開天。
——吴均《登壽陽八公山》

流風乘軒捲，明月緣河飛。
——謝莊《山夜憂》

日出衆鳥散，山暝孤猿吟。
——謝朓《郡内高齋閑望答吕法曾》

餘霞散成綺，澄江静如練。
——謝朓《晚登三山還望京邑》

照雪光偏冷，臨花色轉春。
——庚肩吾《和徐主簿望月》

人歸落雁後，思發在花前。
——薛道衡《人日思歸》

風動露滴瀝，月照影參差。
——沈約《檐前竹》

疾風知勁草，嚴霜識貞木。
——沈約《宋書·顧覬之傳》

蟬噪林愈静，鳥鳴山更幽。
——王籍《入若耶溪》

荷香銷晚夏，菊氣入新秋。
——駱賓王《晚泊》

樓觀滄海日，門對浙江潮。
——宋之問《靈隱寺》

雲霞出海曙，梅柳渡江春。

——杜審言《和晉陵陸丞早春游望》

水作琴中聽，山疑畫裏看。

——杜審言《經行嵐州》

淑氣催黄鳥，晴光轉緑蘋。

——杜審言《和晉陵陸丞早春游望》

雲間迷樹影，霧裏失峰形。

——王勃《易陽早發》

鳥飛林覺曙，魚戲水知春。

——王勃《仲春郊外》

潮平兩岸闊，風正一帆懸。

——王灣《次北固山下》

客路青山下，行舟綠水前。

——王灣《次北固山下》

火樹銀花合，星橋鐵鎖開。

——蘇味道《正月十五夜》

竹喧歸浣女，蓮動下漁舟。

——王維《山居秋暝》

白雲迴望合，青靄入看無。

——王維《終南山》

江流天地外，山色有無中。

——王維《漢江臨眺》

人閑桂花落，夜静春山空。

——王維《鳥鳴澗》

隔牖風驚竹，開門雪滿山。
——王維《冬晚對雪憶胡居士家》

楚塞三湘接，荆門九派通。
——王維《漢江臨泛》

野曠天低樹，江清月近人。
——孟浩然《宿建德江》

氣蒸雲夢澤，波撼岳陽城。
——孟浩然《臨洞庭上張丞相》

微雲淡河漢，疏雨滴梧桐。
——孟浩然《游秘省》

山隨平原盡，江入大荒流。
——李白《渡荆門送別》

池花春映日，窗竹夜鳴秋。——李白《謝公亭》

野竹分青靄，飛泉掛碧峰。——李白《訪戴天山道士不遇》

吐言貴珠玉，落筆迴風霜。——李白《贈劉都使》

星垂平野闊，月涌大江流。——杜甫《旅夜書懷》

緑垂風折筍，紅綻雨肥梅。——杜甫《陪鄭廣文游何將軍山林》

細雨魚兒出，微風燕子斜。——杜甫《水檻遣心》

筆落驚風雨，詩成泣鬼神。
——杜甫《寄李十二白二十韵》

啼鳥雲山静，落花溪水香。
——戴叔倫《雨》

筆鋒迴日月，字勢動乾坤。
——薛存誠《御題國子監門》

看花行徑遠，聽鳥入林迷。
——張謂《同諸公游雲公禪寺》

掬水月在手，弄花香滿衣。
——于良史《春山夜月》

蓮界千嶂静，梅天一雨清。
——嚴維《奉和皇甫大夫夏日游華嚴寺》

柳花閑度竹，菱葉故穿萍。
——韓愈《閑游二首》

夜月紅柑樹，秋風白藕花。
——張籍《送從弟戴玄往蘇州》

徵文北窗外，借月南樓中。
——孟郊《夜集汝州郡齋聽陸僧辯彈琴》

天香夜染衣，國色朝酣酒。
——李正封《牡丹》

露香紅玉樹，風綻紫蟠桃。
——王貞白《游仙》

泉聲到池盡，山色上樓多。
——張祜《題惠山寺》

峽深明月夜，江静碧雲天。
——張祜《送楊秀才游蜀》

鳥飛溪色裏，人語棹聲中。
——朱慶餘《泛溪》

倚檻花臨水，回舟月照山。
——許渾《重游鬱林寺道玄上人院》

林晚鳥争樹，園春蝶護花。
——許渾《下第寓居崇聖寺》

薄烟楊柳路，微雨杏花村。
——許渾《下第歸蒲城墅居》

獨夜三更月，空庭一樹花。
——李商隱《寒食行次冷泉驛》

遏雲歌响清，回雪舞腰輕。
——李商隱《歌舞詩》

柳占三春色，鶯偷百鳥聲。
——温庭筠《太子山池》

柳塘春水漫，花塢夕陽遲。
——嚴維《酬劉員外見寄》

露滴從添硯，蟬吟便送懷。
——李頻《留題姚氏山齋》

鷄聲茅店月，人迹板橋霜。
——温庭筠《商山早行》

風暖鳥聲碎，日高花影重。
——杜荀鶴《春宫怨》

散墨松香起，濡毫藻句清。
——徐賁《尚書命題瓦硯》

淡雲孤雁遠，寒日暮天紅。
——徐昌圖《臨江仙》

落花人獨立，微雨燕雙飛。
——晏幾道《臨江山》

交情貧始見，詩思老仍多。
——郭祥正《元輿携酒見過》

山光翠兼紫，水影净還深。
——郭祥正《野望》

展畫發古香，弄筆娱晝寂。
——陸游《夏日》

狂歌聲跌宕，醉草筆横斜。
——陸游《自喜》

雲暗梨千樹，烟迷柳一川。
——陸游《小舟游西涇渡西》

點滴花間露，新鮮柳上春。
——陳師道《湖上晚歸寄詩友》

月到天心處，風來水面時。
——邵雍《清夜吟》

花暖能醺眼，山濃欲染衣。
——楊萬里《和仲良春晚即事》

鷄犬田家静，桑麻歲事新。
——徐玑《黄碧》

推篷皆是畫，移櫂總堪詩。

——鮮于樞《建德溪行二首》

山光艷桃李，澗影寫松竹。

——趙孟頫《偶記舊詩一首》

妙墨時相贈，新篇不厭酬。

——柯九思《題趙子昂詩卷三十韵》

朝游詩書圃，夕憩翰墨場。

——朱希晦《自述》

霞飛滄海遠，烟入緑村深。

——何中《饒州道上》

燕迷花底巷，鴉散柳陰橋。

——傅若金《金陵晚眺》

犬鳴林月落，魚躍浦風生。
——高啓《江上早發》

薄雲遠露月，小雨不妨花。
——高啓《臨頓里》

雪聲千嶂落，雨色萬峰來。
——李攀龍《廣陽山道中》

峰影分斜日，波容寫落霞。
——沈周《題小景》

幽篁喧暮鳥，叢菊耐秋風。
——唐寅《與諸同志集王少參園作》

鼓聲梅夢醒，春氣竹風吹。
——譚元春《元夜同無易先生作》

近春江氣活，傍岸梅花靈。
——譚元春《雨夜念茂之江上》

塔盤湖勢動，橋引月痕生。
——吴偉業《過吴江有感》

樹暗江城雨，天青吴楚山。
——施閏章《燕子磯》

天機發静趣，神境出無心。
——惲壽平《玉峰月夜石谷作圖以詩記之》

心忘方入妙，意到不求工。
——惲壽平《石谷臨九龍山人枯槎引石》

鐘聲自天落，人語隔溪聞。
——法式善《老君堂》

雨過春如夢，山空夜有音。
——陳沆《夜抵劉山人家》

樹落山山雨，林飛處處泉。
——李調元《巴東晚泊》

翠添三徑竹，紅吐半池荷。
——洪昇《過皋園》

地偏心更遠，庭静氣還澄。
——黄鷟來《題李子壽淡遠堂》

落花寂寂啼山鳥，楊柳青青渡水人。
——王維《寒食汜上作》

漠漠水田飛白鷺，陰陰夏木囀黄鸝。
——王維《積雨輞川作》

雨中草色緑堪染，水上桃花紅欲然。
——王維《輞川别業》

春潮帶雨晚來急，野渡無人舟自横。
——韋應物《滁州西澗》

即今江海一歸客，他日雲霄萬里人。
——高適《送桂陽孝廉》

風含翠筱娟娟静，雨裛紅蕖冉冉香。
——杜甫《狂夫》

無邊落木蕭蕭下，不盡長江滚滚來。
——杜甫《登高》

自來自去梁上燕，相親相近水中鷗。
——杜甫《江村》

花徑不曾緣客掃，蓬門今始爲君開。

——杜甫《客至》

新松恨不高千尺，惡竹應須斬萬竿。

——杜甫《將赴成都草堂途中有作先寄嚴鄭公》

松排山面千重翠，月點波心一顆珠。

——白居易《春題河上》

烟波澹蕩摇空碧，樓殿參差倚夕陽。

——白居易《西湖晚歸回望孤山寺》

曾經滄海難爲水，除却巫山不是雲。

——元稹《離思五首》

花間酒氣春風暖，竹裏棋聲夜雨寒。

——許渾《村舍》

北郭晚晴山更遠，南塘春盡水争流。
——戴叔倫《寄司空曙》

鷗散白雲沈遠浦，花飛紅雨送殘春。
——殷堯藩《襄口阻風》

清光門外一渠水，秋色墻頭數點山。
——劉禹錫《秋日題竇員外崇德里新居》

樓中飲興因明月，江上詩情爲晚霞。
——劉禹錫《送蕲州李郎中赴任》

沉舟側畔千帆過，病樹前頭萬木春。
——劉禹錫《酬樂天揚州初逢席上見贈》

芳林新葉催陳葉，流水前波讓後波。
——劉禹錫《樂天見示傷微之、敦詩、晦叔三君子，皆有深分，因成是

詩以寄》

寒雲曉散千峰雪，暖雨晴開一徑花。

——許渾《贈鄭處士》

烟光似帶侵垂柳，露點如珠落卷荷。

——温庭筠《游南塘寄知音》

殘星幾點雁横塞，長笛一聲人倚樓。

——趙嘏《長安秋望》

曲檻柳濃鶯未老，小園花暖蝶初飛。

——羅隱《寄前宣州竇常侍》

流水帶花穿巷陌，夕陽和樹入簾櫳。

——韋莊《貴公子》

窗竹影摇書案上，野泉聲入硯池中。

——杜荀鶴《題弟侄書堂》

就船買得魚偏美，踏雪沽來酒倍香。

——杜荀鶴《冬末同友人泛瀟湘》

秋風萬里芙蓉國，暮雨千家薜荔村。

——譚用之《秋宿湘江》

流水斷橋芳草路，淡烟疏雨落花天。

——牟融《陳使君山莊》

高山流水琴三弄，明月清風酒一樽。

——牟融《寫意》

風前柳態閑時少，雨後花容淡處多。
——杜荀鶴《别四月鍾尚書》

烟霞盡入新詩卷，郭邑閑開古畫圖。
——韋莊《袁州作》

門前翠影山無數，竹下寒聲水亂流。
——蘇舜欽《宿終南山下百塔院》

秋色入林紅黯淡，日光穿竹翠玲瓏。
——蘇舜欽《滄浪懷貫之》

雪消門外千山緑，花發江邊二月晴。
——歐陽修《春日西湖寄謝法曹歌》

夜凉吹笛千山月，路暗迷人百種花。
——歐陽修《夢中作》

疏影横斜水清淺，暗香浮動月黄昏。
——林逋《山園小梅》

浮萍破處見山影，小艇歸時聞草聲。
——張先《題西溪無相院詩》

雲噴石花生劍壁，雨敲松子落琴牀
——林逋《湖山小隱》

沙上并禽池上瞑，雲破月來花弄影。
——張先《天仙子·送春》

近水樓臺先得月，向陽花木易爲春。
——蘇麟《上范希文》

無可奈何花落去，似曾相識燕歸來。
——晏殊《示張寺丞王校勘》

池上碧苔三四點，葉底黄鸝一兩聲。
——晏殊《破陣子》

梨花院落溶溶月，柳絮池塘淡淡風。
——晏殊《寓意》

賞心自向明時得，樂事應容下客分。
——郭祥正《聞陳伯高結綵舟作樂游湖戲寄》

黄鸝相應雨初過，緑樹成蔭春已還。
——郭祥正《開元客館》

夜月影摇楊柳徑，秋風香散菊花籬。
——郭祥正《重題严伯成秀才西齋喜其子高預鄉薦》

開卷古今千萬事，杜門清濁兩三杯。
——汪藻《小築成漫書》

含風鴨緑粼粼起，弄日鵝黄裊裊垂。

——王安石《南浦》

一水護田將緑繞，兩山排闥送青來。

——王安石《書湖陰先生壁》

野桃含笑竹籬短，溪柳自摇沙水清。

——蘇軾《新城道中》

江頭千樹春欲暗，竹外一枝斜更好。

——蘇軾《和秦太虚梅花》

翻空白鳥時時見，照水紅蕖細細香。

——蘇軾《鷓鴣天》

二月杏花八月桂，三更燈火五更鷄。

——邵雍《勵志》

閑爲水竹雲山主，静得風花雪月權。

——邵雍《小車吟》

落木千山天遠大，澄江一道月分明。

——黄庭堅《登快閣》

雖慚老圃秋容淡，且看寒花晚節香。

——韓琦《九日水閣》

舞低楊柳樓心月，歌盡桃花扇底風。

——晏幾道《鷓鴣天》

回巒俯仰如迎客，流水喧鳴擬索詩。

——陳師道《和張次道再游翠岩之作》

白雲笑我還多事，流水隨人合有情。

——陳師道《和南平先生出山之作》

書當快意讀易盡，客有可人期不來。
——陳師道《絶句》

溪聲夜漲寒通枕，山色朝晴翠染衣。
——張耒《屋東》

啼鳥似逢人勸酒，好山如爲我開眉。
——張耒《二十三日即事》

客子光陰詩卷裏，杏花消息雨聲中。
——陳與義《懷天經智老因訪之》

牡丹枝上青春老，燕子聲中白日長。
——陸游《春晚村居》

緑葉忽低知鳥立，青萍微動覺魚行。
——陸游《初夏閑步村落間》

雲歸時帶雨數點，木落又添山一峰。

——陸游《晚眺》

遠途始悟乾坤大，晚節偏驚歲月遒。

——陸游《柳林酒家小樓》

天涯懷友月千里，燈下讀書鷄一鳴。

——陸游《冬夜讀書忽聞鷄鳴》

至論本求編簡上，忠言乃在里閭間。

——陸游《識愧》

三弄笛聲初到枕，一枝梅影正横窗。

——陸游《幽居春夜》

花氣襲人知驟暖，鵲聲穿樹喜新晴。

——陸游《村居書喜》

舟行十里畫屏上，身在西山紅雨中。

——陸游《連日至梅仙塢及花徑觀桃花抵暮乃歸》

一枕鳥聲殘夢裏，半窗花影獨吟中。

——陸游《戲書燕兒》

微丹點破一林緑，淡墨寫成千嶂秋。

——陸游《閑游》

凍雲傍水封梅萼，嫩日烘窗釋硯冰。

——陸游《冬晚山房書事》

苜蓿花催春事去，梧桐葉送雨聲來。

——陸游《病中夜賦》

萬卷古今消永日，一窗昏曉送流年。

——陸游《自題書巢》

水落才餘半篙綠，霜高初染一林丹。

——陸游《秋興》

花藏密葉多時在，鶯占高枝盡日啼。

——陸游《雨後集湖上》

清秋欲近露沾草，皎月未高星滿天。

——陸游《露坐》

鶯花舊識非生客，山水曾游是故人。

——陸游《閬中作》

渡口遠山顰翠黛，天邊新月掛瓊鈎。

——陸游《題湖邊旗亭》

花影忽生知月到，竹梢微動覺風來。

——真山民《夜飲趙園次徐君寶韵》

月從雪後皆奇夜，天向梅邊有別春。
——范成大《親戚小集》

無風楊柳漫天絮，不雨棠梨滿地花。
——范成大《碧瓦》

一巷海棠千樹錦，兩堤楊柳萬窩絲。
——楊萬里《游翟園》

人在非晴非雨候，船行不浪不風間。
——楊萬里《小舟晚興》

有雲更覺千山秀，不雨爭知萬壑奇。
——樓鑰《山陰道中》

與千卷圖書爲友，留一根脊骨做人。
——王鉅農《自題書室》

花曾識面若含笑，鳥不知名時自呼。

——方岳《約君用》

小草不妨怀遠志，芳蘭誰爲發幽妍。

——元好問《春日半山亭游眺》

光移星斗天逾近，影到山河月正圓。

——丁鶴年《元夕》

揮毫對客風生座，載酒論詩月滿篷。

——鄭文原《送鮮于伯機之官浙東》

莎徑泥深雙燕濕，柳橋烟淡一鶯鳴。

——仇遠《湖上值雨》

因閲杜詩删舊稿，爲觀羲帖習行書。

——仇遠《高卧》

一徑綠陰三月雨，數聲啼鳥百花風。
——虞集《費元隱丹室》

紫髯夜濕千山雨，鐵甲春生萬壑雷。
——謝宗可《龍形松》

豈云筆底有江山，自是胸中蘊丘壑。
——王冕《曹雲西〈山水圖〉》

傳家尚喜貧存硯，教子尤勤老著書。
——金涓《寄王照磨季耕》

薄暝山家松樹下，嫩寒江店杏花前。
——高啓《梅花九首》

水滿乳鳧翻蓮葉，風疏飛燕拂桐花。
——高啓《初夏江村》

半湖月色偏宜夜，十里荷香已欲秋。

——高啓《泛舟西湖觀荷》

日華暖抱溶溶雪，月影凉生淡淡烟。

——沈周《梨花》

悠悠魚泳知人樂，故故鷗鳥照鬢華。

——沈周《題畫》

筆踪要是存蒼潤，墨法還須入有無。

——沈周《學雲林小景》

三月鶯花燕市酒，一牀書畫米家船。

——文徵明《題許國用汗漫游卷》

路從紅樹林邊出，人在丹青畫裏行。

——吴志淳《過寶華寺》

晚雲不動天凝碧，楓葉初飛樹減紅。
——唐寅《春日城西》

梅花近水疑寒雪，柳色當門弄曉烟。
——唐寅《元日次韵奉答徵仲先生削正》

春來鴻雁書千里，夜色樓台雪萬家。
——李攀龍《懷子相》

春夢暗隨三月景，曉寒瘦減一分花。
——湯顯祖《牡丹亭》

澗水荷香殘雨後，寺門松影細風時。
——譚元春《同康虞諸子游靈谷寺》

欲師至德嫌奇譬，益嘆前賢邁後生。
——譚元春《過贈陳司徒正甫先生》

柳葉亂飄千尺雨，桃花斜帶一溪烟。
——吴偉業《鴛湖曲》

天上異香須有種，春來飛絮恨無家。
——吴偉業《無题》

閑窗聽雨攤書卷，獨樹看雲上嘯臺。
——吴偉業《梅村》

畫裏緑楊堪贈别，曲中紅豆是相思。
——吴偉業《無題》

苔色水聲千丈畫，梅花竹子一山詩。
——石濤《畫梅石竹子》

小扇畫鸞乘霧去，輕帆帶雨入江流。
——余懷《金陵雜感》

門外山川供繪畫，堂前花鳥入吟嘔。

——張宜泉《題芹溪居士》

蕙領光風來硯席，梅分香雪到庭除。

——惲壽平《蘭梅》

松青峭壁風霜古，月白寒溪曉夜流。

——洪昇《衢州雜感》

右軍墨妙池邊洒，中散琴清月下彈。

——洪昇《贈金陵蔡龍文國博》

雨覆荻花連頃白，霜深山橘出林紅。

——黄鷟來《秋日湖村感懷和戚笑門韵》

兩岸書深楊柳樹，一汀秋畫夕陽山。

——黄鷟來《一字河》

蘆中船去花摇雪，柳外天低月吐鉤。

——查慎行《玉沙即事》

濃烟隔浦浮諸塔，春樹分行緑一村。

——查慎行《三月十五日夜夢游南湖追憶舊好因寄淮江》

凉雨半窗初到竹，碧蒓千里正宜羹。

——查慎行《惠研谿庶常從京邸寄到吴超士寄懷詩四章次韵奉酬》

到來但覺緑陰好，坐久始知清晝長。

——查慎行《龔運使榕溪招飲園亭》

畫圖酷愛王摩詰，詩味淡如蘇密州。

——查慎行《題西齋圖二首圖爲王石谷作》

一片暈紅纔着雨，幾絲柔柳乍和烟。

——納蘭性德《浣溪沙》

夢中得句常驚起，畫裏看山當遠行。
——張問陶《懷人書屋遣興》

閑中立品無人覺，淡處逢時自古難。
——張問陶《梅花》

梅好不妨同月瘦，泉清莫恨出山遲。
——張問陶《重有感》

芭蕉種後偏多雨，蟋蟀吟來易感秋。
——張問陶《早秋漫興》

斜日微明雙鳥下，亂山忽斷一帆來。
——郭麐《法華山望湖亭同汪、吴二子作》

聚葉潑成千點墨，攢花染出幾痕霜。
——曹雪芹《咏菊》

晚節不嫌知己少，香心如爲故人留。
——袁枚《晚菊和蔗泉觀察韵》

胸中墨汁三千斛，腕底清毫十萬莖。
——鄭燮《題畫》

一林蕉雨侵窗緑，四面書燈映水紅。
——李調元《吉安太守盧介軒崧招游白鷺洲書院》

人如晚菊霜能傲，詩似寒梅雪妬清。
——李調元《滄洲署中和同年檢討張鶴林羽高見懷元韵》

雲連樹色千嶂白，日涌波濤萬頃丹。
——李調元《寄懷固安陳明府韞山琮》

西山載酒雲生屐，南浦尋梅雪滿舟。
——何紹基《無題》

友如作畫須求淡，山似論文不喜平。

——翁照《尚湖晚步》

弄影烟霞真窈窕，伴人鷗鷺亦清妍。

——鄧湘皋《衡陽月夜寄春湖中丞》

折腰久愧陶元亮，割薦誠慚管幼安。

——鄧湘皋《長沙秋感》

（三）集句聯

聿修厥德，長發其祥。

——集《詩經》句

風定花猶落，鳥鳴山更幽。

——集謝朓、王籍句

松柏有本性，園林無俗情。

——集劉公幹、陶淵明句

物華天寶日，人杰地靈時。

——集王勃《滕王閣序》句

名香播蘭蕙，妙墨揮岩泉。

——集岑參、張九齡句

心同孤鶴静，節效古松貞。

——集岑參、褚遂良句

風篁類長笛，流水當鳴琴。

——集上官婉兒句

潭影竹間動，天香雲外飄。

——集綦母潛、宋之問句

讀書破萬卷，落筆超群英。
——集杜甫、李白句

上客能論道，虛懷只愛才。
——集王維、杜甫句

美花多映竹，喬木自成林。
——集杜甫、孟浩然句

深情托瑶琴，逸興横素襟。
——集賈至、李白句

開簾見新月，倚樹聽流泉。
——集李端、李白句

酒香留客住，詩好帶風吟。
——集白居易、姚合句

詩思竹間得，道心塵外逢。
——集元稹、岑參句

墨研清露月，琴響碧天秋。
——集李洞、許渾句

典墳探奥旨，詩禮挹餘波。
——集錢起、盧綸句

百年甘守素，一物至周天。
——集盧綸、薛能句

花竹有和氣，風泉無俗情。
——集黄庭堅、孟郊句

逢人覓詩句，留客聽山泉。
——集元好問、王維句

高林弄殘照，幽壑舞回風。
——集周密、張孝祥句

燈火夜深書有味，墨華晨湛字生香。
——集《聖教序》句

四野緑雲籠稼穡，一庭紅葉掩蘅茅。
——集宋之問、白居易句

紅桃緑柳垂檐間，碧石青苔滿樹陰。
——集王維、李端句

松持節操溪澄性，山展屏風花夾籬。
——集李洞、白居易句

天若有情天亦老，月如無限月長圓。
——集李賀、石曼卿句

翠竹黃花皆佛性，清池皓月照禪心。
——集劉長卿、周樸句

山紅澗碧紛爛漫，竹軒蘭砌共清虛。
——集韓愈、李咸用句

天上碧桃和露種，門前荷葉與橋齊。
——集高蟾、張萬頃句

烟開翠幌清風曉，花壓闌干春晝長。
——集許渾、温庭筠句

山翠萬重當檻出，白蓮千朵照廊明。
——集許渾、薛逢句

入世須才更須節，傳家積德還積書。
——許乃釗集《争坐位帖》句

澗道餘寒歷冰雪，洞口經春長薜蘿。
——左宗棠集杜甫句

飛流直下三千尺，錦瑟無端五十絃。
——集李白、李商隱句

曉汲清湘燃楚竹，自鋤明月種梅花。
——鄒魯集柳宗元、劉翰句

江湖萬里水雲閣，草木一溪文字香。
——集陸游、白居易句

未知明年在何處，不可一日無此君。
——吴昌碩集王禹偁、王徽之句

山泉釀酒香仍洌，芳草留人意自閑。
——集楊萬里、歐陽修句

清風明月本無價，近水遠山皆有情。
——梁章鉅集歐陽修、蘇舜欽句

卓犖想超文字外，典型獨守老成餘。
——惲寶惠集王安石、蘇軾句

常愛此中多勝事，更於何處學忘機。
——集蘇軾、陸游句

舊學商量加邃密，新知培養轉深沉。
——馬君武集朱熹句

名高北斗星辰上，詩在千山烟雨中。
——集王庭珪、張孝祥句

松間明月長如此，身外浮雲何足論。
——集林景熙、汪元量句

入妙文章本平淡，逸群翰墨争傳誇。

——集戴復古、僧惠洪句

月中有客曾分種，世上无花散斗香。

——蔣吟秋集韓子蒼句

牧之宏放見文筆，白也風流餘酒尊。

——王良常集元好問句

婆娑青鳳舞松柏，縹緲丹霞聚偓佺。

——王文治集王拱辰、薛田句

非金非石非誄諡，亦狂亦俠亦温文。

——集龔自珍句

清斯濯纓，濁斯濯足；智者樂水，仁者樂山。

——吴騫集《孟子》、《論語》句

泉石激韵，林籟結響；雲霞雕色，草木賁華。

——集《文心雕龍》句

寂然凝慮，思接千載；悄焉動容，視通萬里。

——集《文心雕龍》句

絢言朱蘭，文約爲美；志在山水，琴表其情。

——集《文心雕龍》句

西南諸峰，林壑尤美；春秋佳日，觴咏其間。

——沈子丞集歐陽修、陶淵明、王羲之句

松影闌干，鰲峰對起；梅花清夢，翠羽飛來。

——顧文彬集吴文英句

燕子來時，細雨滿天風滿院；闌干倚處，青梅如豆柳如烟。

——張履謙集歐陽修句

冷石生雲，花氣烘人尚暖；明波洗月，珠光出海猶寒。
——顧文彬集張炎句

曲砌虛庭，玉影半分秋月；聯詩換酒，夜深醉踏長虹。
——顧文彬集周密句

還我漁蓑，依然畫舫清溪笛；急呼斗酒，換得東家種樹書。
——顧文彬集辛棄疾句

步翠麓崎嶇，亂石穿空，新松暗老；抱素琴獨向，綺窗學弄，舊曲重聞。
——顧文彬集蘇軾句

新月與愁烟，先入梧桐，倒掛緑毛么鳳；空谷飲甘露，分傍茶灶，微煎石鼎團龍。
——顧文彬集蘇軾、張炎句

素壁寫《歸來》，畫舫行齋，細雨斜風時候；瑶琴才聽徹，鈞天廣樂，高山流水知音。

——顧文彬集辛棄疾句

一泓澄緑，兩峽嶄巖，浸雲壑水邊春水；石磴飛梁，寒泉幽谷，似鈷鉧潭西小潭。

——顧文彬集辛棄疾、伯雨句

芳桂散餘香，亭上笙歌，記相逢，金粟如來、蕊宫仙子；天峰飛墮地，眼前突兀，最好似，蜂房萬點、石髓千年。

——顧文彬集辛棄疾句

高會惜分陰，爲我攀梅，細寫《茶經》煮香雪；長歌自深酌，請君置酒，醉扶怪石看飛泉。

——顧文彬集辛棄疾句

酒群花隊，舞榭歌臺，隔户語春鶯，寶馬雕車香滿路；詩卷酒瓢，筆床茶灶，寄情在譚麈，舊家三徑竹千竿。

——顧文彬集辛棄疾、張炎句

游冶未知還，閑留鶯管垂楊，魚栖暗竹；登臨休望遠，人倚虛闌唤鶴，隔水呼鷗。

——顧文彬集張炎句

欺寒茸帽，拂雪金鞭，漸爲尋花來去；款語梅邊，虛堂鬆外，幾番問竹平安。

——顧文彬集姜夔、張炎句

竹邊松底，只贈梅花，共結歲寒三益；薜老苔荒，摩挲峭石，恍然月白千峰。

——顧文彬集張炎詞

石磴掃松陰，幾曲闌干，古木迷鴉峰六六；烟光摇縹瓦，一屏新綉，芙蓉孔雀夜温温。

——顧文彬集張炎、史達祖句

問徑松不語，天籟無聲，石乳倒懸山，眼底烟霞無數；謝楊柳多情，荷陰未暑，林霏散浮暝，水邊樓觀先登。

——顧文彬集張炎句

移花檻小，密葉禽幽，伴壓架荼蘼，依約誰教鸚鵡；款竹門深，采芝人到，任滿身風露，姓名題上芭蕉。

——顧文彬集張炎句

雲洞插天開，欲往何從，一百八盤狹路；湘屏展翠疊，臨流更好，幾千萬縷垂楊。

——顧文彬集辛棄疾、周密句

晝永瑣窗閑，花外琴臺，漫鎖凝，嬌緑迷雲，倦紅顰曉；日遲簾幕静，竹邊棋墅，盡占斷，吹香新句，照影清樽。

——顧文彬集周密句

磴古松斜，自放鶴人歸，何事登臨感慨；崖陰苔老，喜嘶蟬樹遠，不妨留待凉生。

——顧文彬集周密句

流水洗花顔，擁蓮媛三千，誰管采菱波狹；紫霄承露掌，倚瑶臺十二，猶聞凭袖香留。

——顧文彬集吴文英句

臨流可奈清濯，第四橋邊，放棹過環碧；此意平生飛動，海棠花下，吹笛到天明。

——徐志摩集宋六詞人句

第三編　詩詞曲文

（一）古詩

彼采葛兮！一日不見，如三月兮！彼采蕭兮！一日不見，如三秋兮！彼采艾兮！一日不見，如三歲兮！

——《詩經·王風·采葛》

投我以木瓜，報之以瓊琚。匪報也，永以爲好也。投我以木桃，報之以瓊瑶。匪報也，永以爲好也。投我以木李，報之以瓊玖。匪報也，永以爲好也。

——《詩經·衛風·木瓜》

庭中有奇樹，緑葉發華滋。攀條折其榮，將以遺所思。馨香盈懷袖，路遠莫致之。此物何足貢，但感别經時。

——《古詩十九首·庭中有奇樹》

東臨碣石，以觀滄海。水何澹澹，山島竦峙。樹木叢生，百草豐茂。秋風蕭瑟，洪波涌起。日月之行，若出其中。星漢燦爛，若出其裏。幸甚至哉，歌以咏志。

——曹操《觀滄海》

神龜雖壽，猶有竟時。騰蛇乘霧，終爲土灰。老驥伏櫪，志在千里。烈士暮年，壯心不已。盈縮之期，不但在天。養怡之福，可得永年。幸甚至哉，歌以咏志。

——曹操《龜雖壽》

亭亭山上松，瑟瑟谷中風。風聲一何盛，松枝一何勁。冰霜正慘凄，終歲常端正。豈不罹凝寒，松柏有本性。

——劉楨《贈從弟》

南國有佳人，容華若桃李。朝游江北岸，夕宿瀟湘沚。時俗薄朱顔，誰爲發皓齒？俯仰歲將暮，榮耀難久恃。

——曹植《雜詩》

結廬在人境，而無車馬喧。問君何能爾？心遠地自偏。采菊東籬下，悠然見南山。山氣日夕佳，飛鳥相與還。此中有真意，欲辯已忘言。

——陶淵明《飲酒》

精衛銜微木，將以填滄海。刑天舞干戚，猛志固常在。同物既無慮，化去不復悔。徒設在昔心，良辰詎可待！

——陶淵明《讀山海經》

種豆南山下，草盛豆苗稀。晨興理荒穢，帶月荷鋤歸。道狹草木長，夕露沾我衣。衣沾不足惜，但使願無違。

——陶淵明《歸園田居》（其三）

心逐南雲逝，形隨北雁來。故鄉籬下菊，今日幾花開？

——江總《於長安歸還揚州九月九日行微山亭》

修條拂層漢，密葉障天潯。凌風知勁節，負雪見貞心。

——范雲《吟寒松》

折花逢驛使，寄與隴頭人。江南無所有，聊贈一枝春。

——陸凱《贈范曄詩》

入春才七日，離家已二年。人歸落雁後，思發在花前。

——薛道衡《人日思歸》

蘭葉春葳蕤，桂華秋皎潔。欣欣此生意，自爾爲佳節。誰知林棲者，聞風坐相悅。草木有本心，何求美人折。

——張九齡《感遇》

江南有丹橘，經冬猶緑林。豈伊地氣暖，自有歲寒心。可以薦嘉客，奈何阻重深。運命唯所遇，循環不可尋。徒言樹桃李，此木豈無陰。

——張九齡《感遇》

棄我去者，昨日之日不可留。亂我心者，今日之日多煩憂。長風萬里送秋雁，對此可以酣高樓。蓬萊文章建安骨，中間小謝又清發。俱懷逸興壯思飛，欲上青天攬明月。抽刀斷水水更流，舉杯銷愁愁更愁。人生在世不稱意，明朝散髮弄扁舟。

——李白《宣州謝朓樓餞別校書叔雲》

風吹柳花滿店香，吴姬壓酒勸客嘗。金陵子弟來相送，欲行不行各盡觴。請君試問東流水，别意與之誰短長？

——李白《金陵酒肆留别》

夕陽度西嶺，群壑倏已暝。松月生夜涼，風泉滿清聽。樵人歸欲盡，烟鳥棲初定。之子期宿來，孤琴候蘿徑。

——孟浩然《宿業師山房待丁大不至》

山光忽西落，池月漸東上。散髮乘夕涼，開軒卧閑敞。荷風送香氣，竹露滴清響。欲取鳴琴彈，恨無知音賞。感此懷故人，中宵勞夢想。

——孟浩然《夏日南亭懷辛大》

花間一壺酒，獨酌無相親。舉杯邀明月，對影成三人。月既不解飲，影徒隨我身。暫伴月將影，行樂須及春。我歌月徘徊，我舞影零亂。醒時同交歡，醉後各分散。永結無情游，相期邈雲漢。

——李白《月下獨酌》

我本楚狂人，鳳歌笑孔丘。手持緑玉杖，朝别黄鶴樓。五嶽尋仙不辭遠，一生好入名山游。廬山秀出南斗旁，屏風九疊雲錦張。影落明湖青黛光，金闕前開二峰長。銀河倒掛三石梁，香爐瀑布遥相望。迴崖沓嶂凌蒼蒼，翠影紅霞映朝日，鳥飛不到吴天長。登高壯觀天地間，大江茫茫去不還。黄雲萬里動風色，白波九道流雪山。好爲廬山謡，興因廬山發，閑窺石鏡清我心。謝公行處蒼苔没，早服還丹無世情，琴心三叠道初成。遥見仙人彩雲裏，手把芙蓉朝玉京。先期汗漫九垓上，願接盧敖游太清。

——李白《廬山謡寄盧侍御虚舟》

岱宗夫如何？齊魯青未了。造化鍾神秀，陰陽割昏曉。蕩胸生層雲，决眦入歸鳥。會當凌絶頂，一覽衆山小。

——杜甫《望嶽》

慈母手中綫，游子身上衣。臨行密密縫，意恐遲遲歸。誰言寸草心，報得三春暉。

——孟郊《游子吟》

采采者菊，芬其榮斯。紫黄黄萼，照灼丹墀。愷悌君子，佩服攸宜。王國是維，大君是毗。貽爾子孫，百禄萃之。

——蕭穎士《菊榮》

山石犖確行徑微，黄昏到寺蝙蝠飛。升堂坐階新雨足，芭蕉葉大梔子肥。僧言古壁佛畫好，以火來照所見稀。鋪床拂席置羹飯，疏糲亦足飽我饑。夜深静卧百蟲絶，清月出嶺光入扉。天明獨去無道路，出入高下窮烟霏。山紅澗碧紛爛漫，時見松櫪皆十圍。當流赤足踏澗石，水聲激激風生衣。人生如此自可樂，豈必局促爲人鞿？嗟哉吾黨二三子，安得至老不更歸！

——韓愈《山石》

漁翁夜傍西巖宿，曉汲清湘燃楚竹。烟銷日出不見人，欸乃一聲山水緑。迴看天際下中流，巖上無心雲相逐。

——柳宗元《漁翁》

論畫以形似，見與兒童鄰。賦詩必此詩，定非知詩人。詩畫本一律，天工與清新。邊鸞雀寫生，趙昌花傳神。何如此二幅，疏淡含精勻。誰言一點紅，解寄無邊春。

——蘇軾《書鄢陵王主簿所畫折枝二首》

可使食無肉，不可居無竹。無肉令人瘦，無竹令人俗。人瘦尚可肥，俗士不可醫。旁人笑此言，似高還似痴。若對此人仍大嚼，世間那有揚州鶴？

——蘇軾《於潛僧緑筠軒》

傾家釀酒三千石，閑愁萬斛酒不敵。今朝醉眼爛巖電，提筆四顧天地窄。忽然揮掃不自知，風雲入懷天借力。神龍戰野昏霧裏，奇鬼摧山太陰黑。此時驅盡胸中愁，槌床大叫狂墮幘。吴箋蜀素不快人，付於高堂三丈壁。

——陸游《草書歌》

宿雲初散青山濕，落紅繽紛溪水急。桃花源裏得春多，洞口春烟摇緑蘿。緑蘿摇烟生絶壁，飛泉淙下三千尺。瑶草離離滿澗阿，長松落落凌空碧。鷄鳴犬吠自成村，居人至老不相識。瀛洲仙客知仙路，點染丹青寄輕素。何處有山如此圖？移家欲向山中住。

——趙孟頫《桃源春曉圖》

余囚北庭，坐一土室。室廣八尺，深可四尋，單扉低小，白間短窄，污下而幽暗。當此夏日，諸氣萃然：雨潦四集，浮動牀几，時則爲水氣；塗泥半潮，蒸漚歷瀾，時則爲土氣；乍晴暴熱，風道四塞，時則爲日氣；檐陰薪爨，助長炎虐，時則爲火氣；倉腐寄頓，陳陳逼人，時則爲米氣；駢肩雜遝，腥臊污垢，時則爲人氣；或圊溷，或毁尸，或腐鼠，惡氣雜出，時是爲穢氣。叠是數氣，當浸沴鮮不爲厲，而予以孱弱俯仰其間，於兹二年矣，無恙，是殆有養致然。然爾亦安知所養何哉？孟子曰：『我善養吾浩然之氣。』彼氣有七，吾氣有一，以一敵七，吾何患焉！况浩然者，乃天地之正氣也。作《正氣歌》一首。

天地有正氣，雜然賦流形。下則爲河嶽，上則爲日星。於人曰浩然，沛乎塞蒼冥。皇路當清夷，含和吐明庭。時窮節乃現，一一垂丹青：在齊太史簡，在晋董狐筆。在秦張良椎，在漢蘇武節。爲嚴將軍頭，爲嵇侍中血。爲張睢陽齒，爲顔常山舌。或爲遼東帽，清操厲冰雪。或爲《出師表》，鬼神泣壯烈。或爲渡江楫，慷慨吞胡羯。或爲擊賊笏，逆豎頭破裂。是氣所磅礴，凛烈萬古存。當其貫日月，生死安足論！

——文天祥《正氣歌》（節）

迴翔波間風，的歷葉上露。清池結素彩，華月映微步。雲陰花房斂，雨歇芳氣度。欲去拾明璫，踟躕惜暮春。

——倪瓚《池蓮咏》

雨過暮雲收，江空凉月出。輕蓑獨釣翁，一曲秋風笛。宿鷺忽驚飛，點破烟波碧。

——葉颙《漁父曲》

村暗烟火生，林深鷄犬静。稻花如積雪，月色淡相映。鄰家夜汲歸，寒蟲滿幽徑。

——何中《宿田家》

秋江渺渺芙蓉芳，秋江女兒將斷腸。絳袍春淺護雲暖，翠袖日暮迎風凉。鯉魚吹浪江波白，露落洞庭飛木葉。蕩舟何處采蓮人，愛惜芙蓉好顔色。

——薩多剌《芙蓉曲》

野人結廬在溪上，溪上白雲生叠嶂。城中車馬自紛紜，朝聽樵歌暮漁唱。雲林叆叇春日低，小橋流水行人稀。桃花落盡春何處，風雨滿山啼竹鷄。

——卞思義《溪山春雨圖》

書中渴筆如渴驷，奮迅奔馳獷難制。摩挲古蹟千百餘，羲獻帖中三四字。長沙蓄意振孤蓬，盡食腹腴留鯁刺。神龍戲海見脊尾，不獨鬱盤工遠勢。巉巖絶壁掛藤枝，驚狖落雲風雨至。吾將此語叩墨王，五指拿空鵬轉翅。宣城毫穎不足存，鐵腕由來自酣恣。

——李日華《渴筆頌》

今日復今日，今日何其少！今日又不爲，此事何時了！人生百年幾今日，今日不爲真可惜！若言姑待明朝至，明朝又有明朝事。爲君聊賦今日詩，努力請從今日始。

——文嘉《今日歌》

一竿二竿修竹，五月六月清風。何必徜徉世外，只須嘯咏林中。

——張鳳翼《題竹林高士圖軸》

試問飛來峰，未飛在何處？人世多少塵，何事不飛去？高古而鮮妍，揚雄不能賦。

——袁宏道《戲題飛來峰》

林風吹雨川光暝，遠岸鸕鷀點秋影。小樓人宿水聲中，一枕溪雲孤夢冷。我本滄洲舊散仙，蘋花零落五湖船。如何對此不歸去，七十二峰空暮烟。

——過春山《題石湖烟雨圖》

書畫非小道，世人形似耳。出筆混沌開，入拙聰明死。理盡法無盡，法盡理生矣。理法本無傳，古人不得已。吾寫此紙時，心入春江水。江花隨我開，江水隨我起。把卷望江樓，高呼曰子美。一笑水雲低，開圖幻神髓。

——石濤《題春江圖》

葉自短，花自長；蓄其力，揚其芳；花在室，香滿堂。

——鄭板橋咏蘭詩

起筆不停止，落筆不作勢，純任自然。自迅速，自輕快，自美麗。吾有志焉而未逮。

——于右任《寫字歌》

葬我於高山之上兮，望我大陸；大陸不可見兮，只有痛哭！葬我於高山之上兮，望我故鄉；故鄉不可見兮，永不能忘。天蒼蒼，野茫茫，山之上，有國殤。

——于右任《望大陸》

不可奪，石之堅。天可補，海能填。不可侮，石之怪。叱能起，射無碍。其精神，其意態。儼若思，觀自在。友乎師，石可拜。

——趙樸初《拜石贊》

大江萬里流，泥沙挾俱下。千古不伐功，萬人不嫌罵。狂亦聖之徒，鳴鼓攻求夏。觀過可知仁，忠直發叱咤。日食還復明，天衢期騰駕。

——趙樸初《大江》

（二）五言絕句

白日依山盡，黃河入海流。欲窮千里目，更上一層樓。

——王之渙《登鸛雀樓》

紅豆生南國，春來發幾枝。願君多采擷，此物最相思。

——王維《相思》

君自故鄉來，應知故鄉事。來日綺窗前，寒梅著花未？

——王維《雜詩》

人閑桂花落，夜静春山空。月出驚山鳥，時鳴春澗中。
——王維《鳥鳴澗》

空山不見人，但聞人語響。返景入深林，復照青苔上。
——王維《鹿柴》

獨坐幽篁裏，彈琴復長嘯。深林人不知，明月來相照。
——王維《竹裏館》

移舟泊烟渚，日暮客愁新。野曠天低樹，江清月近人。
——孟浩然《宿建德江》

春眠不覺曉，處處聞啼鳥。夜來風雨聲，花落知多少？
——孟浩然《春曉》

春雪滿空來，觸處似花開。不知園裏樹，若個是真梅。
——東方虬《春雪》

玉階生白露，夜久侵羅襪。却下水晶簾，玲瓏望秋月。

——李白《玉階怨》

泠泠七弦上，静聽松風寒。古調雖自愛，今人多不彈。

——劉長卿《彈琴》

緑竹半含籜，新梢才出墻。雨洗涓涓净，風吹細細香。

——杜甫《嚴鄭公宅同咏竹》

千山鳥飛絶，萬徑人踪滅。孤舟蓑笠翁，獨釣寒江雪。

——柳宗元《江雪》

迥臨飛鳥上，高出世塵間。天勢圍平野，河流入斷山。

——暢當《登鸛雀樓》

露滌鉛粉節，風摇青玉枝。依依似君子，無地不相宜。

——劉禹錫《庭竹》

陶盡門前土，屋上無片瓦。十指不沾泥，鱗鱗居大厦。

——梅堯臣《陶者》

江上往來人，但愛鱸魚美。君看一葉舟，出没風波裏。

——范仲淹《江上漁者》

昨日入城市，歸來淚滿巾。遍身羅綺者，不是養蠶人。

——張俞《蠶婦》

墻角數枝梅，凌寒獨自開。遥知不是雪，爲有暗香來。

——王安石《梅花》

山空樵斧響，隔嶺有人家。日落潭照樹，川明風動花。

——陳與義《出山》

小浦聞魚躍，横林待鶴歸。閑雲不成雨，故傍碧山飛。

——陸游《柳橋晚眺》

人在白雲處，舟在清溪曲。不聞欸乃聲，但見山水緑。
——黄溍《題馬虚中畫》

吹簫江浦秋，舟蕩碧雲幽。擬溯岩松下，詩盟訂白鷗。
——鄭元祐《朱澤民山水》

積雨暗林屋，晚峰晴露巔。扁舟入蘋渚，浮動一溪烟。
——高克恭《種筆亭題畫》

越山隔濤江，風起不可渡。時於圖中看，居然在烟霧。
——趙孟頫《題彦敬越山圖》

秋水一抹碧，殘霞幾縷紅。水窮雲盡處，隱隱兩三峰。
——張秦娥《遠山》

海石涵秋水，風篁生晚凉。孤篷初歇雨，和月渡瀟湘。
——華幼武《次韵題畫》

雲開見山高，木落知風勁。亭下不逢人，斜陽淡秋影。

——卞同《倪雲林畫》

溪水疏雨歇，水木散清陰。樵唱知何處，白雲深更深。

——于謙《題金碧山水》

亂瀑界蒼崖，松風吹雨急。石廊虛無人，高寒不能立。

——吴偉業《題畫》

風微不動蘋，紅雨灑花津。跳波魚出藻，攪碎一池春。

——惲壽平《撫劉寀〈落花戲魚圖〉》

沈沈更鼓急，漸漸人聲絶。吹燈窗更明，月照一天雪。

——袁枚《十二月十五夜》

蘭草已成行，山中意味長。堅貞还自抱，何事鬭群芳。

——鄭板橋《題蘭》

极目青郊外，烟霾布正濃。中原方逐鹿，博浪踵相踪。
——周恩來《春日偶成》

櫻花紅陌上，柳葉緑池邊。燕子聲聲裏，相思又一年。
——周恩來《春日偶成》

大雪壓青松，青松挺且直。要知松高潔，待到雪化時。
——陳毅《冬夜雜咏》之一

（三）七言絕句

碧玉妝成一樹高，萬條垂下緑絲絛。不知細葉誰裁出，二月春風似剪刀。
——賀知章《咏柳》

少小離家老大回，鄉音無改鬢毛衰。兒童相見不相識，笑問客從何處來。
——賀知章《回鄉偶書》（其一）

黄河遠上白雲間，一片孤城萬仞山。羌笛何須怨楊柳，春風不度玉門關。

——王之涣《凉州詞》

荷葉羅裙一色裁，芙蓉向臉兩邊開。亂入池中看不見，聞歌始覺有人來。

——王昌齡《采蓮曲》

寒雨連江夜入吴，平明送客楚山孤。洛陽親友如相問，一片冰心在玉壺。

——王昌齡《芙蓉樓送辛漸》

秦時明月漢時關，萬里長征人未還。但使龍城飛將在，不教胡馬度陰山。

——王昌齡《出塞》

隱隱飛橋隔野烟，石磯西畔問漁船。桃花盡日隨流水，洞在清溪何處邊？

——張旭《桃花谿》

獨在異鄉爲異客，每逢佳節倍思親。遥知兄弟登高處，遍插茱萸少一人。

——王維《九月九日憶山東兄弟》

渭城朝雨浥輕塵，客舍青青柳色新。勸君更進一杯酒，西出陽關無故人。

——王維《送元二使安西》

千里黃雲白日曛，北風吹雁雪紛紛。莫愁前路無知己，天下誰人不識君。

——高適《別董大》

故園東望路漫漫，雙袖龍鍾淚不乾。馬上相逢無紙筆，憑君傳語報平安。

——岑參《逢入京使》

日照香爐生紫烟，遥看瀑布掛前川。飛流直下三千尺，疑是銀河落九天。

——李白《望廬山瀑布》（其二）

故人西辭黃鶴樓，烟花三月下揚州。孤帆遠影碧空盡，唯見長江天際流。

——李白《送孟浩然之廣陵》

朝辭白帝彩雲間，千里江陵一日還。兩岸猿聲啼不住，輕舟已過萬重山。

——李白《早發白帝城》

天門中斷楚江開，碧水東流至此回。兩岸青山相對出，孤帆一片日邊來。
——李白《望天門山》

黄四娘家花滿蹊，千朵萬朵壓枝低。留連戲蝶時時舞，自在嬌鶯恰恰啼。
——杜甫《江畔獨步尋花》

兩個黄鸝鳴翠柳，一行白鷺上青天。窗含西嶺千秋雪，門泊東吴萬里船。
——杜甫《絶句》

月落烏啼霜滿天，江楓漁火對愁眠。姑蘇城外寒山寺，夜半鐘聲到客船。
——張繼《楓橋夜泊》

獨憐幽草澗邊生，上有黄鸝深樹鳴。春潮帶雨晚來急，野渡無人舟自横。
——韋應物《滁州西澗》

新年都未有芳華，二月初驚見草芽。白雪卻嫌春色晚，故穿庭樹作飛花。
——韓愈《春雪》

曾經滄海難爲水，除卻巫山不是雲。取次花叢懶回顧，半緣修道半緣君。

——元稹《離思》

斫取青光寫楚辭，膩香春粉黑離離。無情有恨何人見，露壓烟啼千萬枝。

——李賀《昌谷北園新筍四首》之二

朱雀橋邊野草花，烏衣巷口夕陽斜。舊時王謝堂前燕，飛入尋常百姓家。

——劉禹錫《烏衣巷》

楊柳青青江水平，聞郎江上踏歌聲。東邊日出西邊雨，道是無晴却有晴。

——劉禹錫《竹枝詞》

山桃紅花滿上頭，蜀江春水拍山流。花紅易衰似郎意，水流無限似儂愁。

——劉禹錫《竹枝詞》

湖光秋月兩相和，潭面無風鏡未磨。遥望洞庭山水色，白銀盤裏一青螺。

——劉禹錫《望洞庭》

一道殘陽鋪水中，半江瑟瑟半江紅。可憐九月初三夜，露似真珠月似弓。

——白居易《暮江吟》

何人不愛牡丹花，占斷城中好物華。疑是洛川神女作，千嬌萬態破朝霞。

——徐凝《牡丹》

銀燭秋光冷畫屏，輕羅小扇撲流螢。天階夜色涼如水，臥看牽牛織女星。

——杜牧《秋夕》

千里鶯啼緑映紅，水村山郭酒旗風。南朝四百八十寺，多少樓台烟雨中。

——杜牧《江南春絶句》

烟籠寒水月籠沙，夜泊秦淮近酒家。商女不知亡國恨，隔江猶唱後庭花。

——杜牧《泊秦淮》

清明時節雨紛紛，路上行人欲斷魂。借問酒家何處有？牧童遥指杏花村。

——杜牧《清明》

去年今日此門中，人面桃花相映紅。人面不知何處去，桃花依舊笑春風。

——崔護《題都城南莊》

君問歸期未有期，巴山夜雨漲秋池。何當共剪西窗燭，卻話巴山夜雨時。

——李商隱《夜雨寄北》

雲母屏風燭影深，長河漸落曉星沉。嫦娥應悔偷靈藥，碧海青天夜夜心。

——李商隱《嫦娥》

落盡殘紅始吐芳，佳名喚作百花王。競誇天下無雙艷，獨立人間第一香。

——皮日休《牡丹》

素蘤多蒙別艷欺，此花端合在瑶池。無情有恨何人見，月曉風清欲墮時。

——陸龟蒙《白蓮》

江雨霏霏江草齊，六朝如夢鳥空啼。無情最是臺城柳，依舊烟籠十里隄。

——韋莊《金陵圖》

斷雲一葉洞庭帆，玉破鱸魚金破柑。好作新詩寄桑苎，垂虹秋色滿東南。

——米芾《垂虹亭》

春陰垂野草青青，時有幽花一樹明。晚泊孤舟古祠下，滿川風雨看潮生。

——蘇舜欽《淮中晚泊犢頭》

飛來山上千尋塔，聞説鷄鳴見日升。不畏浮雲遮望眼，衹緣身在最高層。

——王安石《登飛來峰》

爆竹聲中一歲除，春風送暖入屠蘇。千門萬户曈曈日，總把新桃换舊符。

——王安石《元日》

茅檐長掃净無苔，花木成畦手自栽。一水護田將緑繞，兩山排闥送青來。

——王安石《書湖陰先生壁》

京口瓜洲一水間，鍾山只隔數重山。春風又緑江南岸，明月何時照我還。

——王安石《泊船瓜洲》

一陂春水繞花身，花影妖嬈各占春。縱被春風吹作雪，絕勝南陌碾成塵。
——王安石《北陂杏花》

水光瀲灧晴方好，山色空濛雨亦奇。欲把西湖比西子，淡妝濃抹總相宜。
——蘇軾《飲湖上初晴後雨》

竹外桃花三兩枝，春江水暖鴨先知。蔞蒿滿地蘆芽短，正是河豚欲上時。
——蘇軾《惠崇春江晚景》

梨花淡白柳深青，柳絮飛時花滿城。惆悵東欄一株雪，人生看得幾清明。
——蘇軾《東欄梨花》

人生到處知何似，應似飛鴻踏雪泥。泥上偶然留指爪，鴻飛那復計東西。
——蘇軾《和子由澠池懷舊》

橫看成嶺側成峰，遠近高低各不同。不識廬山真面目，只緣身在此山中。
——蘇軾《題西林壁》

荷盡已無擎雨蓋，菊殘猶有傲霜枝。一年好景君須記，最是橙黄橘緑時。

——蘇軾《題劉景文》

畢竟西湖六月中，風光不與四時同。接天蓮葉無窮碧，映日荷花别樣紅。

——楊萬里《曉出净慈寺送林子方》

泉眼無聲惜細流，樹陰照水愛晴柔。小荷才露尖尖角，早有蜻蜓立上頭。

——楊萬里《小池》

勝日尋芳泗水濱，無邊光景一時新。等閑識得東風面，萬紫千紅總是春。

——朱熹《春日》

半畝方塘一鑒開，天光雲影共徘徊。問渠那得清如許，爲有源頭活水來。

——朱熹《觀書有感》

緑遍山原白滿川，子規聲裏雨如烟。鄉村四月閑人少，才了蠶桑又插田。

——翁卷《鄉村四月》

應憐屐齒印蒼苔，小叩柴扉久不開。春色滿園關不住，一枝紅杏出墻來。

——葉紹翁《游園不值》

有梅無雪不精神，有雪無詩俗了人。日暮詩成天又雪，與梅并作十分春。

——盧梅坡《雪梅》（其二）

梅雪争春未肯降，騷人擱筆費評章。梅須遜雪三分白，雪却輸梅一段香。

——盧梅坡《雪梅》（其一）

幽香淡淡影疏疏，雪虐風饕只自如。正是花中巢許輩，人間富貴不關渠。

——陸游《梅花》

雪里溪頭已點春，小園又試晚妝新。放翁老去風情在，惱得梅花醉似人。

——陸游《紅梅》

四顧山光接水光，憑欄十里芰荷香。清風明月無人管，并作南樓一味凉。

——黄庭堅《鄂州南樓書事四首》之一

梅子黄時日日晴，小溪泛盡却山行。緑陰不減來時路，添得黄鸝四五聲。
——曾幾《三衢道中》

古人學問無遺力，少壯工夫老始成。紙上得來終覺淺，絶知此事要躬行。
——陸游《冬夜讀書示子聿》

南浦春來緑一川，石橋朱塔兩依然。年年送客横塘路，細雨垂楊繫畫船。
——范成大《横塘》

籬落疏疏一徑深，樹頭花落未成陰。兒童急走追黄蝶，飛入菜花無處尋。
——楊萬里《宿新市徐公店》

未曾出土便有節，待到凌霄更虚心。借居未定先栽竹，爲愛疏聲與薄陰。
——劉克莊《移竹》

黄梅時節家家雨，青草池塘處處蛙。有約不來過夜半，閑敲棋子落燈花。
——趙師秀《約客》

花開不并百花叢，獨自疏籬趣無窮。寧可枝頭抱香死，何曾吹落北風中。

——鄭思肖《菊花歌》

石如飛白木如籀，寫竹還應八法通。若還有人能會此，須知書畫本來同。

——趙孟頫《枯木竹石圖》

我家洗研池頭樹，朵朵花開淡墨痕。不要人誇好顏色，只留清氣滿乾坤。

——王冕《墨梅》

雨過畦蔬緑漸匀，呼童小摘慰情親。個中滋味如諳得，不是尋常肉食人。

——貢性之《題菜》

吴王宫殿水流香，步屧廊深暑氣涼。長日香風吹不斷，藕花多處浴鴛鴦。

——貢性之《畫蓮》

此君不可一日無，才著數竿清有餘。露葉風梢承硯滴，瀟湘一曲在吾廬。

——吴鎮《咏竹詩》

臨池學書王右軍，澄懷觀道宗少文。王侯筆力能扛鼎，五百年中無此君。

——倪瓚《題王叔明〈岩居高士圖〉》

秋風蘭蕙化爲茅，南國凄凉氣已消。只有所南心不改，淚泉和墨寫離騷。

——倪瓚《題鄭所南蘭》

小橋溪路有新泥，半日無人到水西。殘酒欲醒茶未熟，一簾春雨竹鷄啼。

——沈周《有竹居小横幅》

翠條多力引風長，點破銀花玉雪香。韵友似知人意好，隔闌輕解白霓裳。

——沈周《玉蘭寫生》

臨水人家竹樹中，只因孤嶼水船通。當門細荇牽微浪，繞屋藤花落軟風。

——沈周《題畫》

高攀才子沾衣緑，争插佳人壓髻黄。誰向蟾宫分得種，年年八月滿庭芳。

——沈周《桂花》

白雲如帶束山腰，石磴飛空細路遥。獨倚杖藜舒眺望，欲因鳴澗答吹簫。

——沈周《題杖藜遠眺圖》

丹楓絶壁照空江，萬里青天在野航。卧展南華秋水讀，不知嵐翠濕衣裳。

——文徵明《題畫》

千村緑樹一溪分，百叠晴巒鎖白雲。貌得江南烟雨意，錯教人唤米敷文。

——文徵明《春山烟樹圖》

書窗漫對碧琅玕，偏向真心耐歲寒。怪道此君解醫俗，清標瀟灑拂雲端。

——文徵明《墨竹圖》

十里桐陰覆紫苔，先生閑賦醉眠來。此生已謝功名念，清夢應無到古槐。

——唐寅《題桐陰圖》

窗前蕉葉緑成林，長夏全無暑氣侵。但帶雨聲連夜静，何妨月色半床清。

——王守仁《書庭訓》

奕奕幽蘭傍砌栽，紫莖緑葉向春開。晚晴庭院微風發，忽送清香度竹來。

——文嘉《蘭花》

竹屋雲歸樹不分，溪流春漲草泥渾。黄鸝睡起纔呼醒，有客尋詩盡打門。

——李日華《題畫》

吴山盡處越山涯，水木清華處處佳。山鳥忽來啼不歇，聲聲似勸我移家。

——李日華《題畫米山》

從來不見梅花譜，信手拈來自有神。不信試看千萬樹，東風吹着便成春。

——徐渭《題畫梅》

楊柳不遮明月愁，盡將江色與輕舟。遠鐘渡水如將濕，來到耳邊天已秋。

——譚元春《舟聞》

墨汁淋漓尚未乾，誰揮醉筆作琅玕？秋風無限江南思，影落瀟湘暮雨寒。

——王時敏《竹》

峰頭黛色晴猶濕，筆底春雲暗不開。墨花淋漓翠微斷，隱几忽聞山雨來。
——吴歷《山雨圖》

横空墨雨正淋漓，何處移山竟不知。怪他几案生雲霧，應有神龍起墨池。
——惲壽平《題王翚夏山烟雨圖》

曉吟身近水天隈，忽見湖烟半壁開。一片緑雲吹不散，藕花香氣過湖來。
——惲壽平《畫蓮》

暮雲千里亂吴峰，落葉微聞遠寺鐘。日盡長江秋草外，美人何處采芙蓉。
——惲壽平《遠眺》

石泓才解研池水，又對桃花憶武陵。神女祇愁春欲去，護花千縷繫長藤。
——惲壽平《桃花紫藤》

一曲霓裳酒百壺，廣寒宫闕傍雲衢。雙成夜宴瑶池上，譜得天香月桂圖。
——惲壽平《月桂》

從來愛竹是王家，墨雨如烟染白麻。一片秋聲橫斷壑，半江殘雨是平沙。
——惲壽平《畫竹詩和唐解元韵》

洗净鉛華不染塵，冰爲骨格玉爲神。懸知天上瓊樓月，點綴江南萬斛春。
——李方膺《咏梅詩》

五月新苗緑上衣，農人占雨候荆扉。黑雲合處斜光露，無賴蜻蜓千百飛。
——朱彝尊《夏日雜興》

墨池筆冢任紛紛，參透書禪未易論。細取孫公書譜讀，方知渠是過來人。
——王文治《論書絶句》

浮瓜沉李傍清池，香隔重簾散每遲。何處凉多何處坐，四時筆硯逐風移。
——袁枚《消夏詩》

高捲湘簾待月明，尋詩不覺到深更。一輪皎潔當空照，萬里無雲夜氣清。
——席佩蘭《月夜》

坐擁寒衾思悄然，殘燈挑盡未成眠。紗窗月落花無影，只有鐘聲到枕邊。

——席佩蘭《鐘聲》

造物無言却有情，每於寒盡覺春生。千紅萬紫安排着，只待新雷第一聲。

——張維屏《新雷》

浩蕩離愁白日斜，吟鞭東指即天涯。落紅不是無情物，化作春泥更護花。

——龔自珍《己亥雜詩》（其五）

九州生氣恃風雷，萬馬齊瘖究可哀。我勸天公重抖擻，不拘一格降人才。

——龔自珍《己亥雜詩》（其二五）

一角西峰夕照中，斷雲東嶺雨濛濛。林楓欲老柿將熟，秋在萬山深處紅。

——丘逢甲《山村即日》

緑減蕉陰夜有霜，園柑林柿間丹黃。扁舟坐愛秋溪晚，七曲屏山半夕陽。

——丘逢甲《秋溪即日》

餐霞神彩絕人烟，古今誰可稱書仙。石門崖下摩遺碣，跨鶴驂鸞欲上天。

——康有爲《論石門銘》

不惜千金置寶刀，貂裘换酒也堪豪。一腔熱血勤珍重，灑去猶能化碧濤。

——秋瑾《對酒》

蘭性堪同隱者心，自榮自萎白雲深。春風歲歲生空谷，留得清香入素琴。

——汪士慎《空谷清香圖》

老梅愈老愈精神，水店山樓若有人。清到十分寒滿把，始知明月是前身。

——金農《畫梅》

南陽菊水多耆舊，此是延年一種花。八十老人勤采啜，定教霜鬢變成鴉。

——鄭燮《菊石》

雨後修篁分外青，瀟瀟如在過溪亭。世間都是無情物，祇有秋聲最好聽。

——金農《畫竹》

日日臨池把墨研，何曾粉黛去争妍？要知畫法通書法，蘭竹如同草隸然。

——鄭燮《題蘭竹册頁》

衙齋卧聽蕭蕭竹，疑是民間疾苦聲。些小吾曹州縣吏，一枝一葉總關情。

——鄭燮《濰縣署中畫竹呈年伯包大中丞括》

咬定青山不放鬆，立根原在破巖中。千磨萬擊還堅勁，任爾東西南北風。

——鄭燮《竹石》

四十年來畫竹枝，日間揮寫夜間思。冗繁削盡留清瘦，畫到生時是熟時。

——鄭燮《題畫竹》

但肯尋詩便有詩，靈犀一點是吾師。夕陽芳草尋常物，解用多爲絶妙詞。

——袁枚《遣興》（其二）

李杜詩篇萬口傳，至今已覺不新鮮。江山代有才人出，各領風騷數百年。

——趙翼《論詩》

池塘春草妙難尋，泥落空梁苦用心。若比大江流日夜，哀絲豪竹在知音。

——宋湘《説詩》

蘭生空谷無人護，荆棘縱横塞行路。幽芳憔悴風雨中，花神獨與山鬼語。

——吴昌碩《題畫蘭石》

空山梅樹老横枝，入骨清香舉世移。得意忘言閉門處，墨池冰破凍虬飛。

——吴昌碩《梅》

數竿寒緑影婆娑，雪後瀟瀟近水坡。儻遇伶倫製爲笛，春風吹出太平歌。

——吴昌碩《題竹》

識曲知音自古難，瑶琴幽操少人彈。紫莖緑葉生空谷，能耐風霜萬歲寒。

——吴昌碩《蘭》

柳眼舒青映翠蛾，松江澄碧縐春羅。鴟吏遠去姜夔老，剩有先生策杖過。

——陳去病《偕香南長橋閑步》

一蒲團地現樓臺，秋水蒹葭足溯洄。猛憶船山詩句好，白蓮都爲美人開。

——柳亞子《羅星洲題壁》

竹葉青青不肯黃，枝條楚楚耐嚴霜。昭蘇萬物春風裏，更有筍尖出土忙。

——董必武《病中見窗外竹成賦》

逆水行舟苦力撐，一篙鬆勁退千尋。古云此日足可惜，吾輩更應惜秒陰。

——董必武《題贈〈中學生〉》

嘉陵山水江上游，一日之迹吴裝收。烟巒浮動恣槃礴，畫圖挽住千林秋。

——黄賓虹《題畫嘉陵山水》

不師董巨不荆關，潑墨飛盆自笑頑。欲起坡翁横側看，信知胸次有廬山。

——張大千《題廬山圖》

老桂花開天下香，看花走遍太湖旁。歸舟木瀆猶堪記，多謝石家鲃肺湯。

——于右任《與林少和等友人飲於石家飯店》

逢人耻聽説荆關，宗派夸能却汗顔。自有心胸甲天下，老夫看慣桂林山。
——齊白石《題山水》

買我穹窿鄧尉間，少年詩境夢初還。江南五月風如酒，一路山花醉眼開。
——趙樸初《題畫》

（四）五言律詩

聞道黄龍戍，頻年不解兵。可憐閨裏月，長在漢家營。少婦今春意，良人昨夜情。誰能將旗鼓，一爲取龍城。
——沈佺期《雜詩》

陽月南飛雁，傳聞至此回。我行殊未已，何日復歸來。江静潮初落，林昏瘴不開。明朝望鄉處，應見隴頭梅。
——宋之問《題大庾嶺北驛》

海上生明月，天涯共此時。情人怨遥夜，竟夕起相思。滅燭憐光滿，披衣覺露滋。不堪盈手贈，還寢夢佳期。

——張九齡《望月懷遠》

城闕輔三秦，風烟望五津。與君離別意，同是宦游人。海内存知己，天涯若比鄰。無爲在歧路，兒女共霑巾。

——王勃《杜少府之任蜀川》

楚塞三湘接，荆門九派通。江流天地外，山色有無中。郡邑浮前浦，波瀾動遠空。襄陽好風景，留醉與山翁。

——王維《漢江臨泛》

太乙近天都，連山接海隅。白雲回望合，青靄入看無。分野中峰變，陰晴衆壑殊。欲投人處宿，隔水問樵夫。

——王維《終南山》

客路青山外，行舟緑水前。潮平兩岸闊，風正一帆懸。海日生殘夜，江春入舊年。鄉書何處達，歸雁洛陽邊。

——王灣《次北固山下》

空山新雨後，天氣晚來秋。明月松間照，清泉石上流。竹喧歸浣女，蓮動下漁舟。隨意春芳歇，王孫自可留。

——王維《山居秋暝》

寒山轉蒼翠，秋水日潺湲。倚杖柴門外，臨風聽暮蟬。渡頭餘落日，墟裏上孤烟。復值接輿醉，狂歌五柳前。

——王維《輞川閑居贈裴秀才迪》

八月湖水平，涵虛混太清。氣蒸雲夢澤，波撼岳陽城。欲濟無舟楫，端居耻聖明。坐觀垂釣者，徒有羨魚情。

——孟浩然《臨洞庭上張丞相》

故人具鷄黍，邀我至田家。緑樹村邊合，青山郭外斜。開軒面場圃，把酒話桑麻。待到重陽日，還來就菊花。

——孟浩然《過故人莊》

清晨入古寺，初日照高林。曲徑通幽處，禪房花木深。山光悦鳥性，潭影空人心。萬籟此皆寂，惟聞鐘磬音。

——常建《破山寺後禪院》

渡遠荆門外，來從楚國游。山隨平野盡，江入大荒流。月下飛天鏡，雲生結海樓。仍憐故鄉水，萬里送行舟。

——李白《渡荆門送别》

蜀僧抱緑綺，西下峨眉峰。爲我一揮手，如聽萬壑松。客心洗流水，餘響入霜鐘。不覺碧山暮，秋雲暗幾重。

——李白《聽蜀僧濬彈琴》

青山橫北郭，白水繞東城。此地一爲別，孤蓬萬里征。浮雲遊子意，落日故人情。揮手自茲去，蕭蕭班馬鳴。

——李白《送友人》

江城如畫裏，山晚望晴空。兩水夾明鏡，雙橋落彩虹。人烟寒橘柚，秋色老梧桐。誰念北樓上，臨風懷謝公。

——李白《秋登宣城謝朓北樓》

細草微風岸，危檣獨夜舟。星垂平野闊，月涌大江流。名豈文章著？官應老病休。飄飄何所似，天地一沙鷗。

——杜甫《旅夜書懷》

昔聞洞庭水，今上岳陽樓。吳楚東南坼，乾坤日夜浮。親朋無一字，老病有孤舟。戎馬關山北，憑軒涕泗流。

——杜甫《登岳陽樓》

好雨知時節，當春乃發生。隨風潛入夜，潤物細無聲。野徑雲俱黑，江船火獨明。曉看紅濕處，花重錦官城。

——杜甫《春夜喜雨》

白也詩無敵，飄然思不群。清新庾開府，俊逸鮑參軍。渭北春天樹，江東日暮雲。何時一樽酒，重與細論文。

——杜甫《春日憶李白》

國破山河在，城春草木深。感時花濺淚，恨別鳥驚心。烽火連三月，家書抵萬金。白頭搔更短，渾欲不勝簪。

——杜甫《春望》

岱宗夫如何，齊魯青未了。造化鍾神秀，陰陽割昏曉。蕩胸生層雲，決眦入歸鳥。會當凌絶頂，一覽衆山小。

——杜甫《望岳》

望君烟水闊，揮手淚沾巾。飛鳥没何處，青山空向人。長江一帆遠，落日五湖春。誰見汀洲上，相思愁白蘋。

——劉長卿《餞别王十一南游》

山中有流水，借問不知名。映地爲天色，飛空作雨聲。轉來深澗滿，分出小池平。恬淡無人見，年年長自清。

——儲光羲《咏山泉》

故人江海别，幾度隔山川。乍見翻疑夢，相悲各問年。孤燈寒照雨，深竹暗浮烟。更有明朝恨，離杯惜共傳。

——司空曙《雲陽館與韓紳宿别》

離離原上草，一歲一枯榮。野火燒不盡，春風吹又生。遠芳侵古道，晴翠接荒城。又送王孫去，萋萋滿别情。

——白居易《草》

移家雖帶郭，野徑入桑麻。近種籬邊菊，秋來未著花。扣門無犬吠，欲去問西家。報道山中去，歸來每日斜。

——僧皎然《尋陸鴻漸不遇》

吾愛王子猷，借宅亦種竹。一日不可無，瀟灑常在目。雪霜徒自白，柯葉不改緑。殊勝石季倫，珊瑚滿金谷。

——司馬光《種竹齋》

適與野情愜，千山高復低。好峰隨處改，幽徑獨行迷。霜落熊升樹，林空鷹飲溪。人家在何許，雲外一聲鷄。

——梅堯臣《魯山山行》

登高見山水，身在水中央。下視樓臺處，空多樹木蒼。浮雲連海氣，落日動湖光。偶坐吹横笛，殘聲入富陽。

——王安石《游杭州聖果寺》

天質自森森，孤向幾百尋。凌霄不屈己，得地本虛心。歲老根彌壯，陽驕葉更陰。明時思解愠，愿斵五弦琴。

——王安石《孤桐》

村野苔爲徑，茅檐竹作籬。神清和月寫，香遠隔烟知。老樹有餘韵，别花無此姿。詩人風味似，夢寐也應思。

——張道洽《咏梅》

西野芳菲路，春風正可尋。山城依曲渚，古渡入修林。長日多飛絮，游人愛緑陰。晚來歌吹起，惟覺畫堂深。

——徐璣《春日游張提舉園池》

江南非不好，楚客自生哀。摇楫天平渡，迎人樹欲來。雨餘吴岫立，日照海門開。雖異中原險，方隅亦壯哉。

——陳與義《渡江》

清心爲治本，直道是身謀。秀幹终成棟，精鋼不作鈎。倉充鼠雀喜，草盡狐兔愁。史册有遺訓，毋貽來者羞。

——包拯《書端州郡齋壁》

清淡曉凝霜，疏枝殿顥商。自知能潔白，誰念獨芬芳。豈爲瓊無艷，还驚雪有香。素英浮玉液，一色混瑶觴。

——邵雍《張三少卿丈白菊》

锺得至清氣，精神欲照人。抱香懷古意，戀國憶前身。空色微開曉，晴光淡弄春。凄凉如怨望，今日有遺民。

——鄭思肖《墨蘭》

水國宜秋晚，羈愁感歲華。清霜醉楓葉，淡月隱蘆花。漲落高低路，川平遠近沙。炊烟青不斷，山崦有人家。

——許有壬《荻港早行》

樹重雲光濕，峰寒曉氣清。抱琴人欲往，門暗客相迎。凍雨生寒溜，深雲倚怪藤。蹇驢吟不得，指點墨千層。

——劉因《山水圖》

依村構草亭，端方意匠宏。林深禽鳥樂，塵遠竹松清。泉石供延賞，琴書悅性情。何當謝凡近，任適慰平生。

——吴鎮《題草亭詩意圖》

江上秋光薄，楓林霜葉稀。斜陽隨樹移，去雁背人飛。雲影逢江滸，漁家并翠微。沙涯如有約，相伴釣船歸。

——吴鎮《秋江漁隱圖》

未入麒麟閣，時時望帝鄉。寄書元有雁，食雪不離羊。旄盡風霜節，心懸日月光。李陵何以别，涕泪滿河梁。

——楊維楨《題蘇武牧羊圖》

故園今夜月，迢遞向人明。只自懸清漢，那知隔鳳城。氣兼風露發，光逼曙烏驚。何事江山外，能催白髮生！

——徐禎卿《月》

昔聞李供奉，長嘯獨登樓。此地一垂顧，高名百代留。白雲海色曙，明月天門秋。欲覓重來者，潺湲濟水流。

——王世貞《登太白樓》

秋林無静樹，葉落鳥頻驚。一夜疑風雨，不知山月生。松門開積翠，潭水入空明。漸覺天鷄曉，披衣念遠征。

——屈大均《攝山秋夕》

冬深方吐蕊，不欲向高秋。摇落當青歲，芬芳及白頭。雪將佳色映，冰使落英留。寒絶無人見，梅花共一丘。

——屈大均《白菊》

夜來微雨歇，河漢在西堂。螢火出深碧，池荷聞暗香。開窗鄰竹樹，高枕憶滄浪。此夕南枝鳥，無因到故鄉。

——王士禎《息齋夜宿即事懷故園》

水怒如山立，孤篷我獨行。身疑龍背坐，帆與浪花平。纜繫地無所，鼉鳴窗有聲。金焦知客到，出郭遠相迎。

——袁枚《渡江大風》

攤書仍不學，萬慮亦徒然。就市非長策，躬耕少薄田。請纓今日事，作賦幾時傳？莫效諸兄懶，蹉跎愧昔年。

——朱彝尊《示弟》

愛此一拳石，玲瓏出天然。溯源應太古，墮世又何年？有志歸完璞，無才去補天。不求邀衆賞，瀟灑做頑仙。

——曹雪芹《題自畫石》

愛子心無盡，歸家喜及辰。寒衣針綫密，家信墨痕新。見面憐清瘦，呼兒問苦辛。低回愧人子，不敢嘆風塵。

——蔣士銓《歲暮到家》

海色雨中開，濤飛江上臺。聲驅千騎疾，氣捲萬山來。絶岸愁傾覆，輕舟故溯洄。鴟夷有遺恨，終古使人哀。

——施閏章《錢塘觀潮》

一翠撲人冷，空濛溯却遥。湖光飛闕外，宮月淡林梢。春暮烟霞潤，天和草木驕。桃花零落處，上園亦紅潮。

——龔自珍《雜詩》

（五）七言律詩

積雨空林烟火遲，蒸藜炊黍餉東菑。漠漠水田飛白鷺，陰陰夏木囀黄鸝。山中習静觀朝槿，松下清齋折露葵。野老與人争席罷，海鷗何事更相疑。

——王維《積雨輞川莊作》

鳳凰臺上鳳凰游，鳳去臺空江自流。吴宫花草埋幽徑，晋代衣冠成古丘。三山半落青天外，二水中分白鷺洲。總爲浮雲能蔽日，長安不見使人愁。

——李白《登金陵鳳凰臺》

昔人已乘黄鶴去，此地空餘黄鶴樓。黄鶴一去不復返，白雲千載空悠悠。晴川歷歷漢陽樹，芳草萋萋鸚鵡洲。日暮鄉關何處是？烟波江上使人愁。

——崔顥《黄鶴樓》

丞相祠堂何處尋，錦官城外柏森森。映階碧草自春色，隔葉黃鸝空好音。三顧頻煩天下計，兩朝開濟老臣心。出師未捷身先死，長使英雄淚滿襟。

——杜甫《蜀相》

劍外忽傳收薊北，初聞涕淚滿衣裳。卻看妻子愁何在，漫捲詩書喜欲狂。白日放歌須縱酒，青春作伴好還鄉。即從巴峽穿巫峽，便下襄陽向洛陽。

——杜甫《聞官軍收河南河北》

風急天高猿嘯哀，渚清沙白鳥飛回。無邊落木蕭蕭下，不盡長江滾滾來。萬里悲秋常作客，百年多病獨登臺。艱難苦恨繁霜鬢，潦倒新停濁酒杯。

——杜甫《登高》

舍南舍北皆春水，但見群鷗日日來。花徑不曾緣客掃，蓬門今始爲君開。盤飧市遠無兼味，樽酒家貧只舊醅。肯與鄰翁相對飲，隔籬呼取盡餘杯。

——杜甫《客至》

孤山寺北賈亭西，水面初平雲脚低。幾處早鶯争暖樹，誰家新燕啄春泥。亂花漸欲迷人眼，淺草才能没馬蹄。最愛湖東行不足，緑楊陰裏白沙堤。

——白居易《錢塘湖春行》

巴山楚水凄涼地，二十三年棄置身。懷舊空吟聞笛賦，到鄉翻似爛柯人。沉舟側畔千帆過，病樹前頭萬木春。今日聽君歌一曲，暫憑杯酒長精神。

——劉禹錫《酬樂天揚州初逢席上見贈》

江涵秋影雁初飛，與客携壺上翠微。塵世難逢開口笑，菊花須插滿頭歸。但將酩酊酬佳節，不用登臨恨落暉。古往今來只如此，牛山何必獨沾衣。

——杜牧《九日齊山登高》

相見時難别亦難，東風無力百花殘。春蠶到死絲方盡，蠟炬成灰淚始乾。曉鏡但愁雲鬢改，夜吟應覺月光寒。蓬山此去無多路，青鳥殷勤爲探看。

——李商隱《無題》

昨夜星辰昨夜風，畫樓西畔桂堂東。身無彩鳳雙飛翼，心有靈犀一點通。隔座送鈎春酒暖，分曹射覆蠟燈紅。嗟餘聽鼓應官去，走馬蘭臺類轉蓬。

——李商隱《無題》

錦瑟無端五十弦，一弦一柱思華年。莊生曉夢迷蝴蝶，望帝春心托杜鵑。滄海月明珠有淚，藍田日暖玉生烟。此情可待成追憶，只是當時已惘然。

——李商隱《錦瑟》

春風疑不到天涯，二月山城未見花。殘雪壓枝猶有橘，凍雷驚笋欲抽芽。夜聞歸雁生鄉思，病入新年感物華。曾是洛陽花下客，野芳雖晚不須嗟。

——歐陽修《戲答元珍》

東風知我欲山行，吹斷檐間積雨聲。嶺上晴雲披絮帽，樹頭初日掛銅鉦。野桃含笑竹籬短，溪柳自摇沙水清。西崦人家應最樂，煮芹燒笋餉春耕。

——蘇軾《新城道中》

衆芳摇落獨暄妍，占盡风情向小園。疏影横斜水清淺，暗香浮動月黄昏。霜禽欲下先偷眼，粉蝶如知合斷魂。幸有微吟可相狎，不須檀板共金樽。

——杜逋《山園小梅》

賜休暫解簿書圍，醉草今年頗入微。手挹凍醪秋露重，捲翻狂墨瘦蛟飛。臨池勤苦今安有，漏壁工夫古亦稀。稚子問翁新悟處，欲言直恐泄天機。

——陸游《醉中草書因戲作此詩》

莫笑農家臘酒渾，豐年留客足鷄豚。山重水復疑無路，柳暗花明又一村。簫鼓追隨春社近，衣冠簡樸古風存。從今若許閑乘月，拄杖無時夜叩門。

——陸游《游山西村》

世味年來薄似紗，誰令騎馬客京華。小樓一夜聽春雨，深巷明朝賣杏花。矮紙斜行閑作草，晴窗細乳戲分茶。素衣莫起風塵嘆，猶及清明可到家。

——陸游《臨安春雨初霽》

辛苦遭逢起一經，干戈寥落四周星。山河破碎風飄絮，身世浮沉雨打萍。惶恐灘頭説惶恐，零丁洋裏嘆零丁。人生自古誰無死，留取丹心照汗青。

——文天祥《過零丁洋》

蒼山高處白雲浮，樓閣參差帶遠洲。千尺虬龍依絶壁，一群鸛鶴唳清秋。山翁有約凴雙屐，野客無心溯碧舟。自是桑林好風景，居然尺五見丹丘。

——鄭文原《題千里山水長幅》

萬壑瀠迴磴道長，崇岡交互轉蒼蒼。疏松過雨虛闌净，古木回風曲岸凉。村舍幾家門半啓，漁梁何處水流香。扁舟凝望雲千頃，不覺西林下夕陽。

——吴鎮《叔明松壑秋雲圖》

久客懷歸思惘然，松間茅屋女蘿牽。三杯桃李春風酒，一榻菇蒲夜雨船。鴻迹偶曾留雪渚，鶴情原只在芝田。他鄉未若還家樂，緑樹年年叫杜鵑。

——倪瓚《懷歸》

碧藕金丹奉釋迦，如來萬壽若恒沙。清平永樂三乘錦，康泰長生九品花。無相門中真法主，色空天上是仙家。乾坤大地皆稱祖，丈六金身福壽賒。

——吴承恩《如來佛》

向來曾作舍身歌，今日登臨意若何？指點封疆餘獨感，蕭疏鬢髮爲誰皤？劍分胡餅隨人後，手掬流泉已自多。回首朱門歌舞地，尊前列鼎問調和。

——戚繼光《登舍身臺》

江城秋色净堪憐，翠柳鳴蜩鎖斷烟。南國新凉歌白苧，西湖夜雨落紅蓮。美人寂寞空愁暮，華髮凋零不待年。莫去倚欄添悵望，夕陽多在小樓前。

——文徵明《新秋》

楓林霜葉净江烟，錦石游魚清可憐。賈客帆檣雲裏見，仙人樓閣鏡中懸。九秋查影横清漢，一笛梅花落遠天。無限滄州漁父意，夜深高咏獨鳴舷。

——張居正《舟泊漢江望黄鶴樓》

一劍横磨近十霜，端然搔首看天狼。勛名幾誤乘槎客，意氣全輕執戟郎。圯上書傳失絳灌，隆中策定起高光。山河縱破人猶在，試把興亡細較量。

——張煌言《書懷》

白下西風落葉侵，重來此地一登臨。清笳皓月秋依壘，野燒寒星夜出林。萬古河山應有主，頻年戈甲苦相尋。從教一掬新亭淚，江水平添十丈深。

——顧炎武《白下》

向慕山陰鏡裏行，清游得勝愜平生。風華自昔稱佳地，觴咏於今記盛名。竹重春烟偏澹蕩，花開禊日尚敷榮。臨時留得龍跳法，聚訟千秋不易評。

——愛新覺羅·弘歷《蘭亭即事》

飄然顧我飄然去，來不呢喃去不辭。世上葛藤須快劍，心中風雨有深危。客除消渴猶苓术，節近端陽始荔枝。明日湖山深處去，潮生月落掛帆時。

——宋湘《留贈李堯山》

天龍作騎萬靈從，獨立飛來縹渺峰。懷抱芳馨蘭一握，縱横宇合霧千重。眼中戰國成争鹿，海内人才孰卧龍。撫劍長號歸去也，千山風雨嘯青鋒。

——康有为《出都留别諸公》

守黑方知白可貴，能繁始悟簡之真。應從有法思無法，更向今人证古人。雲臥千山時欲起，春回萬木自推陳。眼中風物手中筆，天趣年來又一新。

——林散之《論書》

（六）詞

平林漠漠烟如織，寒山一帶傷心碧。暝色入高樓，有人樓上愁。玉階空伫立，宿鳥歸飛急。何處是歸程，長亭更短亭。

——李白《菩薩蠻》

江南好，風景舊曾諳。日出江花紅勝火，春來江水緑如藍。能不憶江南？

——白居易《憶江南》

汴水流，泗水流，流到瓜洲古渡頭。吴山點點愁。　思悠悠，恨悠悠，恨到歸時方始休。月明人倚樓。

——白居易《長相思》

江南憶，其次憶吴宫。吴酒一杯春竹葉，吴娃雙舞醉芙蓉。早晚復相逢？

——白居易《憶江南》（之三）

斑竹枝，斑竹枝，淚痕點點寄相思。楚客欲聽瑶瑟怨，瀟湘深夜月明時。

——劉禹錫《瀟湘神》

梳洗罷，獨倚望江樓。過盡千帆皆不是，斜暉脈脈水悠悠。腸斷白蘋洲！

——温庭筠《夢江南》

人人盡説江南好，游人只合江南老。春水碧於天，畫船聽雨眠。　壚邊人似月，皓腕凝霜雪。未老莫還鄉，還鄉須斷腸。

——韋莊《菩薩蠻》

春花秋月何時了，往事知多少？小樓昨夜又東風，故國不堪回首月明中。雕欄玉砌應猶在，衹是朱顔改。問君能有幾多愁？恰似一江春水向東流。

——李煜《虞美人》

風乍起，吹皺一池春水。閑引鴛鴦香徑裏，手挼紅杏蕊。鬭鴨闌幹獨倚，碧玉搔頭斜墜。終日望君君不至，舉頭聞鵲喜。

——馮延巳《謁金門》

無言獨上西樓，月如鈎。寂寞梧桐深院鎖清秋。剪不斷，理還亂，是離愁。别是一番滋味在心頭。

——李煜《烏夜啼》

碧雲天，黄葉地，秋色連波，波上寒烟翠。山映斜陽天接水，芳草無情，更在斜陽外。

黯鄉魂，追旅思，夜夜除非，好夢留人睡。明月樓高休獨倚，酒入愁腸，化作相思淚。

——范仲淹《蘇幕遮》

塞下秋來風景異，衡陽雁去無留意。四面邊聲連角起，千嶂裏，長烟落日孤城閉。濁酒一杯家萬里，燕然未勒歸無計。羌管悠悠霜滿地。人不寐，將軍白髮征夫淚。

——范仲淹《漁家傲》

東南形勝，三吴都會，錢塘自古繁華。烟柳畫橋，風簾翠幕，參差十萬人家。雲樹繞堤沙。怒濤捲霜雪，天塹無涯。市列珠璣，户盈羅綺，競豪奢。　重湖叠巘清嘉，有三秋桂子，十里荷花。羌管弄晴，菱歌泛夜，嬉嬉釣叟蓮娃。千騎擁高牙。乘醉聽簫鼓，吟賞烟霞。異日圖將好景，歸去鳳池誇。

——柳永《望海潮》

一曲新詞酒一杯，去年天氣舊亭臺。夕陽西下幾時回。　無可奈何花落去，似曾相識燕歸來。小園香徑獨徘徊。

——晏殊《浣溪沙》

檻菊愁烟蘭泣露。羅幕輕寒，燕子雙飛去。明月不諳離別苦，斜光到曉穿朱户。昨夜西風凋碧樹。獨上高樓，望盡天涯路。欲寄彩箋無尺素，山長水闊知何處？

——晏殊《蝶戀花》

東城漸覺風光好，縠皺波紋迎客棹。緑楊烟外曉寒輕，紅杏枝頭春意鬧。浮生長恨歡娱少，肯爱千金輕一笑。爲君持酒勸斜陽，且向花間留晚照。

——宋祁《玉樓春》

庭院深深深幾許？楊柳堆烟，簾幕無重數。玉勒雕鞍游冶處，樓高不見章臺路。雨横風狂三月暮。門掩黄昏，無計留春住。淚眼問花花不語，亂紅飛過鞦韆去。

——歐陽修《蝶戀花》

候館梅殘，溪橋柳細，草熏風暖摇征轡。離愁漸遠漸無窮，迢迢不斷如春水。寸寸柔腸，盈盈粉淚，樓高莫近危闌倚。平蕪盡處是春山，行人更在春山外。

——歐陽修《踏莎行》

去年元夜時，花市燈如晝。月上柳梢頭，人約黄昏後。　今年元夜時，月與燈依舊。不見去年人，淚滿春衫袖。

——歐陽修《生查子》

輕舟短棹西湖好：淥水逶迤，芳草長堤，隱隱笙歌處處隨。　無風水面琉璃滑，不覺船移，微動漣漪，惊起沙禽掠岸飛。

——歐陽修《采桑子》

夢後樓臺高鎖，酒醒簾幕低垂。去年春恨却來時，落花人獨立，微雨燕雙飛。　記得小蘋初見，兩重心字羅衣。琵琶弦上説相思，當時明月在，曾照彩雲歸。

——晏幾道《臨江仙》

水是眼波横，山是眉峰聚，欲問行人去那邊？眉眼盈盈處。　才始送春歸，又送君歸去。若到江南趕上春，千萬和春住。

——王觀《卜算子》

冰清霜結，昨夜梅花發。甚處玉龍三弄，聲摇動枝頭月。　夢绝，金獸熱，曉寒蘭燼滅。要捲珠簾清賞，且莫掃階前雪。

——林逋《霜天曉角》

老夫聊發少年狂，左牽黄，右擎蒼。錦帽貂裘，千騎捲平岡。爲報傾城隨太守，親射虎，看孫郎。　酒酣胸膽尚開張，鬢微霜，又何妨。持節雲中，何日遣馮唐？會挽雕弓如滿月，西北望，射天狼。

——蘇軾《江城子·密州出獵》

大江東去，浪淘盡、千古風流人物。故壘西邊，人道是、三國周郎赤壁。亂石穿雲，驚濤拍岸，捲起千堆雪。江山如畫，一時多少豪傑。　遥想公瑾當年，小喬初嫁了，雄姿英發，羽扇綸巾，談笑間、檣櫓灰飛烟滅。故國神游，多情應笑我，早生華髮。人生如夢，一樽還酹江月。

——蘇軾《念奴嬌·赤壁懷古》

花褪殘紅青杏小，燕子飛時，緑水人家繞。枝上柳綿吹又少，天涯何處無芳草。

墻裏秋千墻外道，墻外行人，墻裏佳人笑。笑漸不聞聲漸悄，多情卻被無情惱。

——蘇軾《蝶戀花》

明月幾時有，把酒問青天。不知天上宮闕，今夕是何年。我欲乘風歸去，又恐瓊樓玉宇，高處不勝寒。起舞弄清影，何似在人間！　轉朱閣，低綺户，照無眠。不應有恨，何事長向別時圓？人有悲歡離合，月有陰晴圓缺，此事古難全。但願人長久，千里共嬋娟。

——蘇軾《水調歌頭》

開時似雪，謝時似雪，花中奇絶。香非在蕊，香非在萼，骨中香徹。　占溪風，留溪月，堪羞損，山桃如血。直饒更疏疏淡淡，終有一般情別。

——晁補之《鹽角兒·亳社觀梅》

凌波不過横塘路，但目送、芳塵去。錦瑟華年誰與度？月橋花院，瑣窗朱户，惟有春知處。飛雲冉冉蘅皋暮，彩筆新題斷腸句。試問閑愁都幾許？一川烟草，滿城風絮，梅子黄時雨。

——賀鑄《青玉案》

燎沉香，消溽暑。鳥雀呼晴，侵曉窺檐語。葉上初陽乾宿雨，水面清圓，一一風荷舉。故鄉遥，何日去？家住吴門，久作長安旅。五月漁郎相憶否？小楫輕舟，夢入芙蓉浦。

——周邦彦《蘇幕遮》

春歸何處？寂寞無行路。若有人知春去處，唤取歸来同住。春無踪迹誰知？除非問取黄鸝。百囀無人能解，因風飛過薔薇。

——黄庭堅《清平樂》

纖雲弄巧，飛星傳恨，銀漢迢迢暗度。金風玉露一相逢，便勝却人間無數。柔情似水，佳期如夢，忍顧鵲橋歸路！兩情若是久長時，又豈在朝朝暮暮！

——秦觀《鵲橋仙》

霧失樓臺，月迷津渡，桃源望斷無尋處。可堪孤館閉春寒，杜鵑聲裏斜陽暮。驛寄梅花，魚傳尺素，砌成此恨無重數。郴江幸自繞郴山，爲誰流下瀟湘去？

——秦觀《踏莎行·郴州旅舍》

漠漠輕寒上小樓，曉陰無賴似窮秋。淡烟流水畫屏幽。自在飛花輕似夢，無邊絲雨細如愁。寶簾閑掛小銀鈎。

——秦觀《浣溪沙》

竹裏一枝梅，雨洗娟娟静。疑是佳人日暮來，綽約風前影。新恨有誰知，往事那能省。夢繞陽臺寂寞回，沾袖餘香冷。

——向子諲《卜算子》

南軒面對芙蓉浦，宜風宜月還宜雨。紅少緑多時，簾前光景奇。繩床烏木几，盡日繁香裏。睡起一篇新，與花爲主人。

風住塵香花已盡，日晚倦梳頭。物是人非事事休，欲語淚先流。聞說雙溪春尚好，也擬泛輕舟。只恐雙溪舴艋舟，載不動許多愁。

——陳與義《菩薩蠻》

天接雲濤連曉霧，星河欲轉千帆舞。仿佛夢魂歸帝所。天語，殷勤問我歸何處？我報路長嗟日暮，學詩漫有驚人句。九萬里風鵬正舉。風休住，蓬舟吹取三山去。

——李清照《武陵春》

昨夜雨疏風驟，濃睡不消殘酒。試問捲簾人，却道海棠依舊。知否？知否？應是綠肥紅瘦。

——李清照《漁家傲》

驛外斷橋邊，寂寞開無主。已是黃昏獨自愁，更著風和雨。無意苦爭春，一任群芳妒。零落成泥輾作塵，只有香如故。

——李清照《如夢令》

——陸游《卜算子》

明月別枝驚鵲，清風半夜鳴蟬。稻花香裏說豐年，聽取蛙聲一片。七八個星天外，兩三點雨山前。舊時茅店社林邊，路轉溪橋忽見。

——辛棄疾《西江月》

茅檐低小，溪上青青草。醉裏吳音相媚好。白髮誰家翁媪？大兒鋤豆溪東，中兒正織鷄籠。最喜小兒無賴，溪頭卧剥蓮蓬。

——辛棄疾《清平樂》

醉裏挑燈看劍，夢回吹角連營。八百里分麾下炙，五十弦翻塞外聲，沙場秋點兵。馬作的盧飛快，弓如霹靂弦驚。了却君王天下事，贏得生前身後名，可憐白髮生。

——辛棄疾《破陣子》

東風夜放花千樹，更吹落、星如雨。寶馬雕車香滿路。鳳簫聲動，玉壺光轉，一夜魚龍舞。蛾兒雪柳黄金縷，笑語盈盈暗香去。衆裏尋他千百度，驀然回首，那人却在，燈火闌珊處。

——辛棄疾《青玉案》

楚天千里清秋，水隨天去秋無際。遥岑遠目，獻愁供恨，玉簪螺髻。落日樓頭，斷鴻聲裏，江南游子，把吴鈎看了，闌幹拍遍，無人會，登臨意。　休説鱸魚堪膾，儘西風，季鷹歸未？求田問舍，怕應羞見，劉郎才氣。可惜流年，憂愁風雨，樹猶如此！倩何人，喚取紅巾翠袖，揾英雄淚！

——辛棄疾《水龍吟》

更能銷、幾番風雨，匆匆春又歸去。惜春長怕花開早，何况落紅無數。春且住！見説道、天涯芳草無歸路。怨春不語。算只有、殷勤畫檐蛛網，盡日惹飛絮。　長門事，準擬佳期又誤。蛾眉曾有人妬。千金縱買相如賦，脈脈此情誰訴？君莫舞，君不見、玉環飛燕皆塵土！閑愁最苦。休去倚危闌，斜陽正在，烟柳斷腸處。

——辛棄疾《摸魚兒》

洞庭青草，近中秋、更無一點風色。玉鑒瓊田三萬頃，著我扁舟一葉。素月分輝，明河共影，表裏俱澄澈。悠然心會，妙處難與君説。　應念嶺表經年，孤光自照，肝膽皆冰雪。短髮蕭騷襟袖冷，穩泛滄溟空闊。盡吸西江，細斟北斗，萬象爲賓客。扣舷獨嘯，不知今夕何夕。

——張孝祥《念奴嬌·過洞庭》

風高浪快，萬里騎蟾背。曾識姮娥真體態，素面原無粉黛。身游銀闕珠宫，俯看積氣濛濛。醉裏偶摇桂樹，人間唤作凉風。

——劉克莊《清平樂·五月十五夜玩月》

渺空烟四遠，是何年，青天墜長星。幻蒼崖雲樹，名娃金屋，殘霸宫城。箭徑酸風射眼，膩水染花腥。時靸雙鴛響，廊葉秋聲。宫裏吴王沉醉，倩五湖倦客，獨釣醒醒。問蒼天無語，華髮奈山青。水涵空，闌幹高處，送亂鴉斜日落漁汀。連呼酒，上琴臺去，秋與雲平。

——吴文英《八聲甘州·陪庾幕諸公游靈巖》

一片春愁待酒澆。江上舟摇，樓上簾招。秋娘渡與泰娘橋。風又飄飄，雨又蕭蕭。
何日歸家洗客袍。銀字笙調，心字香燒。流光容易把人抛。紅了櫻桃，緑了芭蕉。

——蔣捷《一剪梅》

天水碧，染就一江秋色。鰲戴雪山龍起蟄，快風吹海立。數點烟鬟青滴，一杼霞綃紅濕，白鳥明邊帆影直，隔江聞夜笛。

——周密《聞鵲喜》

清溪一葉舟，芙蓉兩岸秋。采菱誰家女？歌聲起暮鷗。亂雲愁。滿頭風雨，帶荷葉歸去休。

——趙孟頫《後庭花破子》

斜陽一抹，青山數點，萬里澄江如練。東風吹落櫓聲遥，又喚起寒雲片片。殘鴉古渡，瘦驢村店，漸覺樓頭人遠。桃花流水小橋東，是那個柴門半掩？

——滕賓《鵲橋仙》

紅葉村西日影餘，黄蘆灘畔月痕初。輕撥棹，且歸與，掛起漁竿不釣魚。

——吴鎮《漁父詞》

南阜小亭臺，薄有山花取次開。寄語多情熊少府，晴也須來，雨也須來。隨意且銜杯，莫惜春衣坐緑苔。若待明朝風雨過，人在天涯，春在天涯。

——虞集《南鄉一剪梅·招熊少府》

雨打梨花深閉門。忘了青春，誤了青春。賞心樂事共誰論？花下銷魂，月下銷魂。愁聚眉峰盡日顰。千點啼痕，萬點啼痕。曉看天色暮看雲。行也思君，坐也思君。

——唐寅《一剪梅》

滚滚長江東逝水，浪花淘盡英雄。是非成敗轉頭空，青山依舊在，幾度夕陽紅。白髮漁樵江渚上，慣看秋月春風。一壺濁酒喜相逢，古今多少事，都付笑談中。

——楊慎《臨江仙》

雨來江漲波渾，没沙痕。淹過竹橋莎徑，到柴門。　孤烟起，千樹裏，幾家村。牛背一聲長笛，報黄昏。

——楊慎《烏夜啼·梅雨》

片風絲雨籠烟絮，玉點香球。玉點香球，盡日東風不滿樓。　暗將亡國傷心事，訴與東流。訴與東流，萬里長江一帶愁。

——夏完淳《采桑子》

玉立小娉婷，默默含情素。出格風標入骨香，只恐梅花妬。雲旗洛水妃，羅襪凌波步。夢破江天月滿窗，暗誦《陳王賦》。

——吴承恩《卜算子·題水仙》

湘雲湘水映空明，宿霧新霜陰復晴。楊柳岸，蓼花汀，接翅飛來不住聲。

——邊壽民《漁父·畫雁》

年年負却花期，過春時，只合安排愁緒、送春歸。梅花雪，梨花月，總相思。自是春來不覺、去偏知。

——張惠言《相見歡》

水天清話，院静人銷夏。蠟炬風摇簾不下，竹影半墻如畫。　醉來扶上桃笙，熟羅扇子凉輕。一霎荷塘過雨，明朝便是秋聲。

——項鴻祚《清平樂·池上纳凉》

梅花過了仍風雨，著意傷春天不許。西園詞酒去年同，别是一番惆悵處。　一枝照水渾無語，日見花飛隨水去。斷紅遠逐晚潮回，相映枝頭紅更苦。

——鄭文焯《玉樓春》

洗盡鉛華獨淡妝，孤情偏愛水雲鄉。耻同桃李媚春光。　已托焦桐傳密意，更邀明月伴幽香。一枝寒玉倚横塘。

——鄭俠如《浣溪沙·咏梅》

北郭清溪一帶流，紅橋風物眼中秋。緑楊城郭是揚州。　西望雷塘何處是？香魂零落使人愁。淡烟芳草舊迷樓。

——王士禛《浣溪沙·北郭清溪一帶流》

小艇横斜，故園輕別，未是天涯。秋雨殘燈，秋心殘酒，秋色殘花。　博山香裊窗紗，夢斷也，西陵路賒。天外歸雲，水邊去鳥，烟底浮家。

——秦松齡《柳梢青·即事》

辛苦最憐天上月，一夕如環，夕夕都成玦。若似月輪終皎潔，不辭冰雪爲卿熱。無那塵緣容易絶，燕子依然，軟踏簾鈎説。唱罷秋墳愁未歇，春叢認取雙栖蝶。

——納蘭性德《蝶戀花》

青粉墻西，紫騮嘶過垂楊道。畫樓春早，一樹桃花笑。　前夢迷離，人遠波聲小。年時到，越溪雲杳，風雨連天草。

——凌廷堪《點絳唇·春眺》

祖國沈淪感不禁，閑來海外覓知音。金甌已缺總須補，爲國犧牲敢惜身？　嗟險阻，嘆飄零，關山萬里作雄行。休言女子非英物，夜夜龍泉壁上鳴。

——秋瑾《鷓鴣天》

一曲鳳凰簫，雨斂聲偏静。回首雲移月上時，悄舞瑶臺影。　清籟隔重簾，斷夢醒還省。幾度相思若有無，不覺春風冷。

——吴湖帆《卜算子·題風嬌雨秀圖》

寒雁來時，負手立金秋絶壁。四千里岩岩帝座，况通呼吸。足下河山漚還幻，眼中歲月鳶飛漠。望浮雲，何處是長安，西風急。　悲歡事，中年劇。興亡感，吾儕切。把茱萸插遍，細傾胸臆。薊北兵戈添鬼哭，江南兒女教人憶。漸莽然，暮靄上吟裾，龍潭黑。

——張大千《满江紅·題落雁峰圖》

名園幽寂宜春晝，相携幾度銜杯酒。四顧緑陰濃，可人满座中。　蘭亭非昔比，復社差可擬。吟興盡闌珊，斯盟何可寒。

——陳去病《菩薩蠻·夏五社集雲起樓即事分韵得寒字》

自製新詞苦未工，山川清響古無同。沉思往事更朦朧。　江作青龍蟠左右，關連玉壘拱西東。歸舟知趁幾番風。

——于右任《浣溪沙·往事》

人生易老天難老，歲歲重陽。今又重陽，戰地黃花分外香。一年一度秋風勁，不似春光。勝似春光，寥廓江天萬里霜。

——毛澤東《采桑子·重陽》

西風烈，長空雁叫霜晨月。霜晨月，馬蹄聲碎，喇叭聲咽。雄關漫道真如鐵，而今邁步從頭越。從頭越，蒼山如海，殘陽如血。

——毛澤東《憶秦娥·婁山關》

風雨送春歸，飛雪迎春到，已是懸崖百丈冰，猶有花枝俏。俏也不爭春，只把春來報，待到山花爛漫時，她在叢中笑。

——毛澤東《卜算子·咏梅》

悄悄非關多病，三年不見東山。花事綢繆風又雨，更兼蜂妒鶯讒。終信曉珠天上，照他紅艷千般。

——趙樸初《河滿子·東山》

（七）曲

裂石穿雲，玉管宜橫清更潔。霜天沙漠，鷓鴣風裏欲偏斜，鳳凰臺上暮雲遮。梅花驚作黄昏雪，人静也，一聲吹落江樓月。

——白樸《雙調·駐馬聽》

黄蘆岸白蘋渡口，緑楊堤紅蓼灘頭。雖無刎頸交，却有忘機友。點秋江白鷺沙鷗。

——白樸《雙調·沈醉東風·漁夫》

忘憂草，含笑花，勸君聞早冠宜掛。那裏也能言陸賈，那裏也良謀子牙，那裏也豪氣張華？千古是非心，一夕漁樵話。

——白樸《雙調·慶東原》

春山暖日和風。闌幹樓閣簾櫳。楊柳鞦韆院中。啼鶯舞燕，小橋流水飛紅。

——白樸《越調·天净沙·春》

雲收雨過波添。樓高水冷瓜甜。緑樹垂陰畫檐。沙櫥藤簟，玉人羅扇輕縑。

——白樸《越調·天净沙·夏》

孤村落日殘霞。輕烟老樹寒鴉。一點飛鴻影下。青山緑水，白草紅葉黄花。

——白樸《越調·天净沙·秋》

一聲畫角譙門。半庭新月黄昏。雪裏山前水濱。竹籬茅舍，淡烟衰草孤村。

——白樸《越調·天净沙·冬》

緑葉陰濃，遍池亭水閣，偏趁凉多。海榴初綻，妖艶噴香羅。老燕携雛弄語，有高柳鳴蟬相和。驟雨過，珍珠亂糝，打遍新荷。

——元好問《雙調·驟雨打新荷》

掛絶壁松枯倒倚，落殘霞孤鶩齊飛。四圍不盡山，一望無窮水，散西風滿天秋意。夜静雲帆月影低，載我在瀟湘畫裏。

——盧摯《雙調·沈醉東風·秋景》

酒杯深，故人心，相逢且莫推辭飲。君若歌時我慢斟，屈原清死由他恁。醉和醒爭甚？

——馬致遠《雙調·撥不斷》

菊花開，正歸來。伴虎溪僧、鶴林友、龍山客；似杜工部、陶淵明、李太白；有洞庭柑、東陽酒、西湖蟹。哎，楚三閭休怪！

——馬致遠《雙調·撥不斷》

鶴立花邊玉，鶯啼樹杪弦，喜沙鷗也解相留戀。一個冲開錦川，一個啼殘翠烟，一個飛上青天。詩句欲成時，滿地雲撩亂。

——張養浩《雙調·慶東原》

冬前冬後幾村莊，溪北溪南兩履霜。樹頭樹底孤山上。冷風來何處香？忽相逢縞袂綃裳。酒醒寒驚夢，笛凄春斷腸，淡月昏黃。

——喬吉《雙調·水仙子·尋梅》

拍闌幹，霧花吹鬢海風寒，浩歌驚得浮雲散。細數青山，指蓬萊一望間。紗巾岸，鶴背騎來慣。舉頭長嘯，直上天壇。

——喬吉《雙調·殿前歡·登江山第一樓》

花邊嬌月靜妝樓，葉底滄波冷翠溝，池上好風閑御舟。可憐秋，一半兒芙蓉一半兒柳。

——張可久《仙呂·一半兒·秋日宮詞》

玉笙吹老碧桃花，石鼎烹來紫筍芽，山齋看了黄筌畫。荼蘼香滿把，自然不尚奢華。醉李白名千載，富陶朱能幾家？貧不了詩酒生涯。

——張可久《雙調·水仙子·山齋小集》

瘿杯，玉醅，夢冷蘆花被。風清月白總相宜，樂在其中矣！壽過顔回，飽似伯夷，閑如越范蠡。問誰，是非？且向西湖醉。

——張可久《中呂·朝天子·湖上》

青山一片范寬圖，怪我來何暮。鶴骨清癯，蝸殼蘧廬，得安閑心自足。蹇驢，酒壺，風雪梅花路。

——張可久《中呂・朝天子・山中雜書》

詩情放，劍氣豪，英雄不把窮通較。江中斬蛟，雲間射雕，席上揮毫。他得志笑閑人，他失脚閑人笑。

——張可久《雙調・慶東原・次馬致遠先輩韵》

鐵衣披雪紫金關，彩筆題花白玉欄，漁舟棹月黄蘆岸。幾般兒君試揀，立功名只不如閑。李翰林身何在，許將軍血未乾，播高風千古嚴灘。

——張可久《雙調・水仙子・樂閑》

東山卧，世態人情經歷多。閑將往事思量過。賢的是他，愚的是我，争什麽？

——關漢卿《四塊玉・閑適》

棄微名去來心快哉，一笑白雲外。知音三五人，痛飲何妨礙，醉飽舞袖嫌天地窄。

——貫雲石《雙調・清江引》

裏湖，外湖，無處是無春處。真山真水真畫圖，一片玲瓏玉。宜酒宜詩，宜晴宜雨，銷金鍋錦繡窟。老蘇，老逋，楊柳堤梅花墓。

——徐再思《中呂·朝天子·西湖》

聲聲啼乳鴉，生叫破韶華。夜深微雨潤堤沙，香風萬家。畫樓洗盡鴛鴦瓦，彩繩半濕鞦韆架。覺來紅日上窗紗，聽街頭賣杏花。

——王元鼎《正宮·醉太平·寒食》

漢子陵，晋淵明，二人到今香汗青。釣叟誰稱，農父誰名，去就一般輕。五柳莊月朗風清，七里灘浪穩潮平。折腰時心已愧，伸脚處夢先驚。聽，千萬古聖賢評。

——鮮于必仁《雙調·寨兒令》

漁得魚心滿願足，樵得樵眼笑眉舒。一個罷了釣竿，一個收了斤斧。林泉下偶然相遇。是兩個不識字漁樵士大夫，他兩個笑加加的談今論古。

——吴祇適《雙調·沉醉東風》

西湖烟水茫茫，百頃風潭，十里荷香。宜雨宜晴，宜西施淡抹濃妝。尾尾相銜畫舫，盡歡聲無日不笙簧。春暖花香，歲稔時康。真乃上有天堂，下有蘇杭。

——奥敦周卿《雙調·折桂令》

細雨濕薔薇，畫梁間燕子歸，春愁似海深無底。天涯馬蹄，燈前翠眉，馬前芳草燈前淚。魂夢迷，雲山滿目，不辨路東西。

——唐寅《黄鶯兒》

曲彎彎，一輪明月照邊關。恨來口吸盡黄河水，拳打碎賀蘭山。鐵衣披雪渾身濕，寶劍飛霜撲面寒。驅兵去，破虜還，得偷閑處且偷閑。

——李開先《傍妝臺·無題》

頻頻書寄，止不過叙寒温，别無甚奇。你便一日間千遍書來，我心中也不嫌聒絮。書呵原非要緊好東西，爲甚一日無他便淚垂？

——馮夢龍《玉抱肚·贈書》

豆角兒香，麥索兒長，響嘶唧蘛車兒風外揚。青杏兒才黃，小鴨兒成雙，雛燕語雕梁。紅石榴花滿西窗，黃蜀葵葉掃東墻。泥金團扇影，香玉紫紗囊。將佳節遇端陽。

——王九思《寨兒令·夏日即事》

碧紗窗外月兒高，秋到芭蕉。和衣剛得眼合着，誰驚覺？花底一聲簫。吹來總是相思調，把閑愁喚上眉梢。展轉聽，傷懷抱。粉香花貌，一夜爲君消。

——陳鐸《小梁州·咏閨情》

一水隔盈盈，峭寒生日暮情。梨花小院人初静。玉簫懶聽，金杯懶傾，月明閑殺鞦韆影。夢難成，村春相應，疑是棹歌聲。

——揚慎《黃鶯兒·春夕》

一行白雁清秋。數聲漁笛蘋洲。幾點香鴉斷柳。夕陽時候，曝衣人在高樓。

——朱彝尊《天净沙》

窗月影和悶搖。偷掩鮫綃，莫向孤幃照。秋鴻唳幾宵，春鶯喚幾朝，都説道江南好！

——尤侗《羅江怨·旅思》

移舫子雲陰半掩，倒闌幹魚影深潛。池分九曲凉，花比重湖艷，看娉婷不隔湘簾。疏雨催詩意未忺，但葉上聲來數點。

——厲鶚《沈醉東風·紅橋水亭看荷》

江郎一夢蝶魂癡。管領東皇珥筆宜。樣比小蓮還入時。認依稀，一半兒銀毫一半兒紫。

——邵長濬《北吕仙一半·木蘭》其一

披紅判白莫匆匆。點染群芳譜最工。奏入緑章惑論功。壁苔濃，一半丹青一半墨。

——邵長濬《北吕仙一半·木蘭》其二

月兒恁不和伊至，偏弄竹枝枝。影來能瘦，聲來更悄，閃入心兒。斜塘也住，回塘也住，門徑依稀。明朝去也，花開花落，夢也東西。

——吴錫麒《人月圓·偶見》

長江浩浩西來，水面雲山，山上樓臺。山水相輝，樓臺相映，天地安排。詩句就雲山動色，酒杯傾天地忘懷。醉眼睁開，遥望蓬萊。一半烟遮，一半雲埋。

——趙禹圭《雙調・折桂令・題金山寺》

自《民呼》，及《民籲》，當年共作神州主。垂老請因戲本初，傷時擲筆哭漁父。到此時，先生知否？

——于右任《雙調・撥不斷・題太炎遺像》

鐵板喚誰來？祝詞壇起霸才，獻身報國不負这新時代。酸齋苦齋，甜齋醜齋，那權威個個真靈在。有吾儕，中華民族，文運定重開。

——于右任《南商調・黄鶯兒》（示冀野、庚由）

憂愁風雨，迷離雲樹，流亡不盡艱難路。寇何如？寇何如？中原春色還如此。神聖戰爭當共負：興，天定助；亡，人自取。

——于右任《中呂・山静羊・神聖戰争》

綠陰芳草人家。輕帆流水明霞。一幅江南圖畫。盤旋欲下，不知身到黎珈。

——趙樸初《天净沙・過拉脱維亞共和國首都黎珈》

禪師底事鋪張？一枝濃墨凝香。掃盡紅妝粉樣。緇衣本色，花王長供空王。

——趙樸初《天净沙・題大悲禪師墨牡丹圖》

（八）古文

雖有嘉肴，弗食，不知其旨也。雖有至道，弗學，不知其善也。是故學然後知不足，教然後知困。知不足，然後能自反也；知困，然後能自强也。故曰：教學相長也。

——《禮記・學記》

天下皆知美之爲美，斯惡已；皆知善之爲善，斯不善已。故有無相生，難易相成，長短相形，高下相傾，音聲相和，前後相隨，恒也。是以聖人處無爲之事，行不言之教，萬物作焉而不辭，生而不有，爲而不恃，功成而弗居。夫唯不居，是以不去。

——《老子》第二章

莊子與惠子游於濠梁之上。莊子曰：『儵魚出游從容，是魚之樂也。』惠子曰：『子非魚，安知魚之樂？』莊子曰：『子非我，安知我不知魚之樂？』

——《莊子·秋水篇》

孟子曰：『魚，我所欲也；熊掌，亦我所欲也；二者不可得兼，舍魚而取熊掌者也。生，亦我所欲也；義，亦我所欲也；二者不可得兼，舍生而取義者也。生亦我所欲，所欲有甚於生者，故不爲苟得也；死亦我所惡，所惡有甚於死者，故患有所不辟也。如使人之所欲莫甚於生，則凡可以得生者，何不用也？使人之所惡莫甚於死者，則凡可以辟患者，何不爲也？由是則生而有不用也，由是則可以辟患而有不爲也，是故所欲有甚於生者，所惡有甚於死者。非獨賢者有是心也，人皆有之，賢者能勿喪耳。』

——《孟子·告子上》

天行有常，不爲堯存，不爲桀亡。應之以治則吉，應之以亂則凶。彊本而節用，則天不能貧；養備而動時，則天不能病；循道而不貳，則天不能禍。故水旱不能使之饑，寒暑不能使之疾，祅怪不能使之凶。本荒而用侈，則天不能使之富；養略而動罕，則天不能使之全；倍道而妄行，則天不能使之吉。故水旱未至而饑，寒暑未薄而疾，祅怪未至而凶。受時與治世同，而殃禍與治世异，不可以怨天，其道然也。故明於天人之分，則可謂至人矣。

——《荀子·天論》

馬駭輿，則君子不安輿；庶人駭政，則君子不安位。馬駭輿，則莫若静之；庶人駭政，則莫若惠之。選賢良，舉篤静，興孝弟，收孤寡，補貧窮，如是，則庶人安政矣。庶人安政，然後君子安位。傳曰：『君者，舟也；庶人者，水也。水則載舟，水則覆舟。』此之謂也。

——《荀子·王制》

齊桓公問管仲曰：『王者何貴？』曰：『貴天。』桓公仰而視天。管仲曰：『所謂天者，非謂蒼蒼莽莽之天也，君人者以百姓爲天，百姓與之則安，輔之則强，非之則危，背之則亡。《詩》云：「人而無良，相怨一方。」民怨其上不遂亡者，未之有也。』

——劉向《説苑·建本》

夫君子之行，静以修身，儉以養德，非澹泊無以明志，非寧静無以致遠。夫學須静也，才須學也，非學無以廣才，非志無以成學。慆慢則不能勵精，險躁則不能治性。年與時馳，意與日去，遂成枯落，多不接世，悲守窮廬，將復何及！

——諸葛亮《誡子書》

永和九年，歲在癸丑，暮春之初，會於會稽山陰之蘭亭，修禊事也。群賢畢至，少長咸集。此地有崇山峻嶺，茂林修竹；又有清流激湍，映帶左右，引以爲流觴曲水，列坐其次。雖無絲竹管弦之盛，一觴一咏，亦足以暢叙幽情。

是日也，天朗氣清，惠風和暢，仰觀宇宙之大，俯察品類之盛，所以游目騁懷，足以極視聽之娱，信可樂也。

夫人之相與，俯仰一世，或取諸懷抱，晤言一室之内；或因寄所托，放浪形骸之外。雖取舍萬殊，静躁不同，當其欣於所遇，暫得於己，快然自足，不知老之將至。及其所之既倦，情隨事遷，感慨繫之矣。向之所欣，俯仰之間，已爲陳迹，猶不能不以之興懷。況修短隨化，終期於盡。古人云：『死生亦大矣。』豈不痛哉！

每覽昔人興感之由，若合一契，未嘗不臨文嗟悼，不能喻之於懷。固知一死生爲虚誕，齊彭殤爲妄作。後之視今，亦猶今之視昔。悲夫！故列叙時人，録其所述，雖世殊事異，所以興懷，其致一也。後之覽者，亦將有感於斯文。

——晋·王羲之《蘭亭集序》

風烟俱净，天山共色。從流飄蕩，任意東西。自富陽至桐廬，一百許里，奇山異水，天下獨絶。水皆縹碧，千丈見底。游魚細石，直視無礙。急湍甚箭，猛浪若奔。夾嶂高山，皆生寒樹，負勢競上，互相軒邈；争高直指，千百成峰。泉水激石，泠泠作響。好鳥相鳴，嚶嚶成韵。蟬則千轉不窮，猿則百叫無絶。鳶飛唳天者，望峰息心；經綸世務者，窺谷忘反。横柯上蔽，在晝猶昏，疏條交映，有時見日。

——吴均《與宋元思書》

自三峽七百里中，兩岸連山，略無闕處。重巖叠嶂，隱天蔽日。自非亭午夜分，不見曦月。至於夏水襄陵，沿途阻絶。或王命急宣，有時朝發白帝，暮到江陵，其間千二百里，雖乘奔御風，不以疾也。春冬之時，則素湍緑潭，回清倒影。絶巘多生怪柏，懸泉瀑布，飛漱其間。清榮峻茂，良多趣味。每至晴初霜旦，林寒澗肅，常有高猿長嘯，屬引凄異，空谷傳響，哀轉久絶。故漁者歌曰：『巴東三峽巫峽長，猿鳴三聲泪沾裳。』

——酈道元《三峽》

山川之美，古來共談。高峰入雲，清流見底。兩岸石壁，五色交輝。青林翠竹，四時具備。曉霧將歇，猿鳥亂鳴；夕日欲頹，沉鱗競躍。實是欲界之仙都。自康樂以來，未復有能與其奇者。

——陶弘景《答謝中書書》

君人者，誠能見可欲則思知足以自戒，將有作則思知止以安人，念高危則思謙冲而自牧，懼滿溢則思江海下百川，樂盤游則思三驅以爲度，憂懈怠則思慎始而敬終，慮壅蔽則思虛心以納下，想讒邪則思正身以黜惡，恩所加則思無因喜以謬賞，罰所及則思無因怒而濫刑。總此十思，弘兹九德，簡能而任之，擇善而從之，則智者盡其謀，勇者竭其力，仁者播其惠，信者效其忠。

——魏徵《諫太宗十思疏》

若夫瓊英綴雪，緑萼著霜，儼如傅粉，是謂何郎。清香潛襲，疏蕊暗嗅，又如竊香，是謂韓壽。凍雨晚濕，宿露朝滋，又如英皇，泣於九嶷。愛日烘晴，明蟾照夜，又如神人，來從姑射。烟晦晨昏，陰霾晝閉，又如通德，掩袖擁髻。狂飈捲沙，飄素摧柔，又如緑珠，輕身墜樓。半開半含，非默非言，温伯雪子，目擊道存。或俯或仰，匪笑匪怒，東郭順子，正容物悟。或憔悴若靈均，或歆傲若曼倩，或嫵媚若文君，或輕盈若飛燕，口吻雌黄，擬議殆遍。

——宋璟《梅花賦》（節）

夫天地者，萬物之逆旅；光陰者，百代之過客。而浮生若夢，爲歡幾何？古人秉燭夜游，良有以也。况陽春召我以烟景，大塊假我以文章。會桃李之芳園，序天倫之樂事。群季俊秀，皆爲惠連；吾人咏歌，獨慚康樂。幽賞未已，高談轉清。開瓊筵以坐花，飛羽觴而醉月。不有佳咏，何申雅懷？如詩不成，罰依金谷酒數。

——李白《春夜宴諸從弟桃李園序》

竹似賢，何哉？竹本固，固以樹德，君子見其本，則思善建不拔者。竹性直，直以立身，君子見其性，則思中立不倚者。竹心空，空以體道，君子見其心，則思應用虚受者。竹節貞，貞以立志，君子見其節，則思砥礪名行，夷險一致者。夫如是，故君子人多樹之爲庭實焉。

——白居易《養竹記》

世有伯樂，然後有千里馬。千里馬常有，而伯樂不常有。故雖有名馬，祇辱於奴隸人之手，駢死於槽櫪之間，不以千里稱也。馬之千里者，一食或盡粟一石。食馬者，不知其能千里而食也。是馬也，雖有千里之能，食不飽，力不足，才美不外見，且欲與常馬等不可得，安求其能千里也？策之不以其道，食之不能盡其才，鳴之而不能通其意，執策而臨之，曰：『天下無馬。』嗚呼！其真無馬邪？其真不知馬也！

——韓愈《馬説》

山不在高，有仙則名。水不在深，有龍則靈。斯是陋室，惟吾德馨。苔痕上階緑，草色入簾青。談笑有鴻儒，往來無白丁。可以調素琴，閲金經。無絲竹之亂耳，無案牘之勞形。南陽諸葛廬，西蜀子雲亭。孔子云：『何陋之有？』

——劉禹錫《陋室銘》

從小丘西行百二十步，隔篁竹，聞水聲，如鳴珮環，心樂之。伐竹取道，下見小潭，水尤清冽。全石以爲底，近岸，卷石底以出，爲坻、爲嶼、爲嵁、爲巖。青樹翠蔓，蒙絡摇綴，參差披拂。

潭中魚可百許頭，皆若空游無所依。日光下澈，影布石上，怡然不動，俶爾遠逝，往來翕忽，似與游者相樂。

潭西南而望，斗折蛇行，明滅可見。其岸勢犬牙差互，不可知其源。坐潭上，四面竹樹環合，寂寥無人，凄神寒骨，悄愴幽邃。以其境過清，不可久居，乃記之而去。

——柳宗元《小石潭記》

嗟夫！予嘗求古仁人之心，或異二者之爲。何哉？不以物喜，不以己悲。居庙堂之高，則憂其民；處江湖之遠，則憂其君。是進亦憂，退亦憂，然則何時而樂耶？其必曰『先天下之憂而憂，後天下之樂而樂』乎！噫！微斯人，吾誰與歸？

——范仲淹《岳陽樓記》

元豐六年十月十二日，夜，解衣欲睡；月色入户，欣然起行，念無與爲樂者，遂至承天寺，尋張懷民。懷民亦未寢，相與步於中庭。庭下如積水空明，水中藻荇交横，蓋竹柏影也。何夜無月，何處無竹柏，但少閑人如吾二人者耳。

——蘇軾《記承天寺夜游》

水陸草木之花，可愛者甚蕃。晋陶淵明獨愛菊；自李唐來，世人盛愛牡丹。予獨愛蓮之出淤泥而不染，濯清漣而不妖，中通外直，不蔓不枝，香遠益清，亭亭净植，可遠觀而不可褻玩焉。予謂菊，花之隱逸者也；牡丹，花之富貴者也；蓮，花之君子者也。噫！菊之愛，陶後鮮有聞；蓮之愛，同予者何人？牡丹之愛，宜乎衆矣。

——周敦頤《愛蓮説》

予於山水之外，别無嗜好。衣服飲食，但取粗適，不求鮮美。於財利至輕，每有所入，隨至隨散，不令有餘。常嘆世人乍有權望，即外興獄訟，務爲兼并。登第之日，自矢之天，以爲至戒。故平生無官府之交，無鄉鄰之怨，閑居獨坐，意常超然。雖凝塵滿室，若無所睹，其天性淡如也。於宦情亦然。

——文天祥《紀年録・咸淳七年》

至於負者歌於途，行者休於樹，前者呼，後者應，傴僂提携，往來而不絶者，滁人游也。臨溪而漁，溪深而魚肥，釀泉爲酒，泉香而酒洌，山肴野蔌，雜然而前陳者，太守宴也。宴酣之樂，非絲非竹，射者中，弈者勝，觥籌交錯，起坐而諠嘩者，衆賓歡也。蒼顔白髮，頽然乎其間者，太守醉也。

已而夕陽在山，人影散亂，太守歸而賓客從也。樹林陰翳，鳴聲上下，游人去而禽鳥樂也。然而禽鳥知山林之樂，而不知人之樂；人知從太守游而樂，而不知太守之樂其樂也。醉能同其樂，醒能述以文者，太守也。太守謂誰？廬陵歐陽修也。

——歐陽修《醉翁亭記》

天地間之禍人者，莫如多；令人易多者，莫如美。美味令人多食，美色令人多欲，美聲令人多聽，美物令人多貪，美官令人多求，美室令人多居，美田令人多置，美寢令人多逸，美言令人多入，美事令人多戀，美景令人多留，美趣令人多思，皆禍媒也。不美則不令人多，不多則不令人敗。予有一室，題之曰『遠美軒』，而扁其中曰『冷淡』。非不愛美，懼禍之及也。夫魚見餌不見鈎，虎見羊不見阱，猩猩見酒不見人，非不見也，迷於所美而不暇顧也。此心一冷，則熱鬧之景不能入；一淡，則艷冶之物不能動。夫能知困窮、抑郁、貧賤、坎坷之爲祥，則可與言道矣。

——吕坤《養生》

《五代史·馮道傳》論曰：『「禮義廉耻，國之四維；四維不張，國乃滅亡。」善乎管生之能言也！礼義，治人之大法；廉耻，立人之大節。蓋不廉則無所不取，不耻則無所不爲，人而如此，則禍敗亂亡亦無所不至。況爲大臣，而無所不取，無所不爲，則天下其有不亂，國家其有不亡者乎！』然而四者之中，恥尤爲要。故夫子之論士曰：『行己有恥。』孟子曰：『人不可以無恥，無恥之恥，無恥矣！』又曰：『恥之於人大矣！爲機變之巧者，無所用恥焉！』所以然者，人之不廉，而至於悖禮犯義，其原皆生於無恥也。故士大夫之無恥，是謂國恥。

——顧炎武《廉恥》（節）

一絲一粒，我之名節；一厘一毫，民之脂膏。寬一分，民受賜不止一分；取一文，我爲人不值一文。雖云交際之常，廉恥實傷。倘非不義之財，此物何來？

——張伯行《禁止饋送檄》

後記

應蘇州大學出版社之約，讓我編一本集録名家名言、供書畫家使用的書，以應市。現今書市中頗多『墨場必備』、『書家常携』一類書，我不喜歡這樣的書名，太不雅致。筆者因取杜甫『詩成珠玉在揮毫』（《和賈至舍人早朝大明宫》）的詩意，給這本綴拾名人隽言的書，取名爲『翰墨綴玉』，不亦宜乎！

本書最爲明顯的特點是，每詞、每句、每篇都標明來源出處。這不僅僅表現我們言必有據的道理，更重要的是傳達出我們尊重傳統文化的理念。它們出自聖賢之口、名人之手，教我們做人的道理、做學問的門徑、從事藝術創作的奥秘，體現出華夏民族的思想情感、精神氣質、倫理道德、睿思智慧、審美情趣，是我們的前輩對人類生活的精要總結，是一分彌足珍貴的精神財富。書畫家將這些名家名言題贈友朋，足以發揮名人效應，起着祝賀、勉勵、啓迪的社會作用，讓它們刻印在人們的腦海里，融化在人們的行動中，永放思想光輝。

筆者編這本書，本着『三性』原則：一是人文性。所選内容，藴含豐富的文化意藴，富有深厚的人文精神，可以激勵人們的愛國愛民的襟懷、奮發進取的精神、廉潔奉公的品性和熱愛生活的情趣。二是審美性。有些名言純用理性語言表述，也有些名言將至理蘊含在優美形象的語言中。本書特意多選運用『比物以德』的自然審美觀念寫成的名言，讓大家在審美體驗的過程中獲得教育。三是實用性。爲適應書畫家的需求，除了一般習見的内容外，特地增設『花間清韵』、『藝術論萃』等欄目，頗多採擷書畫論述、題畫詩詞，以備大家參考、選用。

本書通過句、聯、篇的不同文體樣式，按人生哲理、至理名言、勤學勵志、拒腐倡廉、自然景觀、花間清韵、喜慶吉祥、藝術論萃八個分類，將數十萬字結合在一起，便於檢索。書畫家可以按圖索驥，取得自己所需要的内容。每一分類中，以字數多寡排列，在相同字數内，又按作家的時代順序排列。『楹聯』和『詩詞曲文』兩編，雖以體式排列，實質上它們也包含着上述八個主題，讀者可以根據需要，自行遴選。

美食家有『衆口難調』的説法。筆者編選本書，也有相似的體驗。書畫家有各自不同的需求，題贈對象又涉及不同的社會階層和文化素養，因此，要想滿足大家的要求，合大家的口味，是很難做到的。筆者只能依照自己的眼光，揣摩大家的需求，輯選名言，編録成本書。如有不當，敬希大家諒宥。

吴企明

甲午年春時年八十二